Christine

VIGNERONNE

DE LA MÊME AUTEURE

LE JOUR OÙ IL N'Y AURA PLUS DE VIN, avec Lilian Bérillon, Grasset, 2018.

LA MÉCANIQUE DES VINS. LE RÉENCHANTEMENT DU LANGUEDOC, avec Olivier Jullien, Grasset, 2016.

BOIRE SANS GROSSIR, SANS EXCÈS... ET SANS NUIRE À SA SANTÉ, Flammarion, 2014 (en version poche chez J'ai Lu, 2015 avec le titre LE GUIDE DU SAVOIR-BOIRE).

L'ATLAS DES VINS DE FRANCE, de Monza/Le Monde, oct. 2012 (rééd. 2015).

RECEVOIR VOS AMIS À PETIT PRIX, avec Jean-Pierre Coffe, Plon, 2010 ; Livre de Poche, 2011.

LES VINS DE LAURE, Photos de Jean-Marie Périer, Grasset, 2009.

LE GOÛT ET LE POUVOIR, avec Jonathan Nossiter, Grasset, 2007 ; Livre de Poche, 2009.

HÔTEL D'YEUX, Nykta, 2001 (polar).

POUSSE D'OR OU BOUSSE D'OR, Landor, 2000.

MEURSAULT EN BOURGOGNE, Office du Tourisme de Meursault, 2000.

LAURE GASPAROTTO

VIGNERONNE

BERNARD GRASSET
PARIS

Couverture : Plainpicture / Elise Ortiou Campion

ISBN 978-2-246-85963-5

À Elie et Jeanne,

À Gilles Legrand et Frédéric Brillion,
À tous ceux qui ont soutenu Les Gentillières,

Aux vignerons du monde entier,
piliers indéfectibles de notre civilisation.

J'ai dit : « Terre, ma fiancée, quelle est ta dot ? »
Elle a dit : « Ton cœur troublé, ma dot, la voilà ! »

Omar Khayyam

PROLOGUE

Je reviens d'un rêve, comme on tombe de son lit, le visage marqué par le pli des événements. Le cheveu qui reste en bataille, mais plus soulagée que sonnée, néanmoins. Je retrouve mes esprits quand j'aurais pu plonger, ne pas en revenir, ou avec des séquelles physiques, voire psychologiques. Ce rêve exigeait un engagement à tous niveaux, que j'avais mésestimé. J'aurais pu me perdre à jamais dans un engrenage infernal. Surtout grâce à deux de mes amis, j'en suis heureusement revenue saine et sauve, avec une force indéfectible qui m'aidera, je pense, pour le restant de mes jours.

Quel fut ce rêve ? Changer de vie à quarante ans. Qui ne l'a pas souhaité ? Je l'ai tenté. Rien à voir avec du courage, comme certains l'ont pensé. C'est plutôt la fleur au fusil, que j'ai suivi un chemin nouveau alors que je me séparais de mon mari. *A posteriori*, j'aurais sans doute dû aller voir un psy, mais j'ai préféré acheter un vignoble. Oh ! L'idée ne tombait pas du ciel non plus, car je travaillais depuis longtemps dans l'univers du vin, mais en tant que journaliste, pas productrice. La garde alternée que nous avions choisie pour nos deux enfants m'a permis, pendant cinq années, de changer de vie une semaine sur deux. Avec une vingtaine d'amis, nous avions alors acquis des vignes dont j'étais devenue la vigneronne. Pendant une semaine, je menais une vie de maman en plein cœur de Paris, à Saint-Germain-des-Prés, avec mon travail au journal. La semaine suivante, je devenais paysanne dans le sud de la France, au centre de l'Hérault, d'où il m'arrivait aussi d'envoyer mes papiers en urgence.

Pendant cinq années, j'ai mené une vie en alternance avec une facilité déconcertante. Une semaine sur deux, je passais de l'autre côté de ma réalité, avec une énergie qui me dépassait. Citadine, je devenais rurale, avec une aisance naturelle. Piétonne, j'ai repris ma voiture laissée à l'abandon pour me conduire sur les routes les plus reculées, les lieux-dits les plus inaccessibles. De Saint-Germain-des-Prés à Saint-Saturnin-de-Lucian, mes liens aux autres s'adaptaient. De deux bises parisiennes, j'en faisais trois à mon arrivée dans le Languedoc. Des petits riens qui contribuaient à m'identifier comme appartenant à mes lieux de vie. Dès le parking de la gare de Montpellier, je changeais de vêtements en un tour de main, en ouvrant le coffre de ma voiture, où une garde-robe tout terrain m'attendait. Entre deux voitures, je troquais mes stilettos pour mes bottes en caoutchouc. Je respirais spontanément différemment, plus sainement. Ma vie du Sud faisait rêver mes amis parisiens, tandis que ma vie parisienne faisait rêver mes amis du Sud. Peut-être me faisais-je rêver moi-même ? Avec beaucoup de légèreté, je paraissais toujours au-delà des contingences matérielles. Ce n'était évidemment pas le cas, mais je devais être à la hauteur de l'aspect romanesque que mon histoire engendrait.

Avoir vécu ce rêve fut une chance, tout autant que d'en avoir réchappé. Je ne regrette rien, bien au contraire, mais j'ai compris que j'avais failli perdre beaucoup : mes amis, des sous, et surtout moi-même. Devenir vigneronne fut l'opportunité de me regarder dans un miroir, d'aller au bout de mon désir d'être quelqu'un d'autre et de tester mes capacités physiques et mentales. Cette expérience m'a renvoyée à ce que je suis, ce que je ne suis pas. J'ai eu la chance énorme d'avoir des garde-fous qui m'ont protégée des tourments infernaux de la vie rurale. Je n'en suis que plus admirative des producteurs français qui ont cette puissance de les supporter.

Ce que je vous raconte dans ce livre vous évitera peut-être de faire des bêtises, ou de les accomplir sans vous laisser emporter. Tant que nous n'avons pas partagé intimement les soucis d'une vie dédiée à la production viticole, ou plus largement agricole, nous n'avons aucune conscience des difficultés rencontrées par ceux qui font surgir de terre notre nourriture et nos crus : ils puisent leur force dans une foi indéfectible, à franchir les barrières qui se dressent quotidiennement sur leur route, qu'elles soient administratives, financières, humaines, matérielles et plus que jamais climatiques. En ce qui concerne le monde du vin, plus spécifiquement, il est diabolique à plus d'un titre. Pour ce livre, il est mon encre, ma plume et mon sujet.

Premier millésime

Tout a commencé, officiellement, avec les genêts en fleur. Après avoir passé un hiver à mijoter, c'est en même temps que ces arbustes aux multiples boutons jaunes et au parfum entêtant que notre projet a éclos. On n'arrive pas un beau jour de printemps chez le notaire sans avoir préparé le terrain. Au mois de mars 2014, me voici en direction de Lodève, assise comme une enfant, sur le siège arrière d'une 104. Comme je peux, je dissimule aux deux personnes qui se trouvent à l'avant l'émotion qui me gagne, mais les larmes jaillissent. Tel un ruisseau qui déborde, elles chauffent mes joues. Je cache mon visage, en faisant semblant d'être absorbée par le paysage qui défile. Je me sens effroyablement seule face au choix que j'ai fait, qui devient concret. J'ai l'impression d'être parvenue au bord d'un précipice, après y avoir couru tout droit. L'idée, le rêve, les discussions, les échanges, c'est fini. Tout ça se transforme en du vrai, du solide, du matériel. Tout à l'heure, je serai propriétaire de vignes qui auront besoin de moi. C'est comme si j'adoptais un enfant : il faudra les nourrir, les conduire, les bichonner. En suis-je capable ? Qu'est-ce qui me prend tout à coup ? La guimbarde est si bruyante que je ne suis heureusement pas tenue de discuter. Le couple se parle. Je n'entends pas ses échanges. Je ne fais pas d'effort non plus pour comprendre. Je reste dans ma bulle. À perte de vue, le paysage imposant et insolent, d'une beauté qui m'a séduite. Je n'en aurais pas choisi un autre. La première fois que je l'ai vu, j'ai su qu'il correspondait à ce que je suis. Bizarrement, je n'aurais pu choisir des vignes en appellations Faugères ou Pic-Saint-Loup qui ne possèdent pas cette minéralité intense du Larzac, façonnée par les vents. C'est dans les Terrasses du Larzac, où le sol est caillouteux, où les forêts sont denses et sauvages, que j'ai choisi d'être vigneronne, nulle part ailleurs. Un coup de foudre qui m'amène là, face à moi-même et au choix fou que j'ai fait. Une bêtise ? Devant cette nature puissante, comme une planète vierge, je ressens une solitude telle que je n'en ai jamais éprouvée jusqu'alors. J'ai beau imaginer tous mes amis qui m'accompagnent en pensée avec moi ce jour-là, je suis bien seule, conduite vers quel destin ? C'est pour nous tous que je vais signer aujourd'hui chez le notaire.

Quelques mois plus tôt, j'avais envoyé un message à certains de mes amis dont je connaissais le goût pour le vin :

« Chers Amis,

Voilà plus de quinze ans que j'écris sur le vin, que je sillonne la France de long en large, que je côtoie tous les professionnels du secteur, du vigneron paysan au vigneron milliardaire, de l'œnologue au tonnelier, j'ai désormais envie de passer de l'observation, sans la quitter néanmoins, à la réalisation.

J'ai donc l'idée de créer un domaine viticole de petite taille (3 hectares environ pour 10 à 15 000 bouteilles annuelles) dans le Languedoc (à une vingtaine de minutes au nord de Montpellier, sur un secteur très valorisé pour ses vins), région la plus propice à la création *ex nihilo* d'une telle entreprise et qui se présente comme l'option la plus réaliste économiquement aussi. J'ai déjà contacté l'un de mes amis de Montpellier, qui travaille à France AgriMer, et que je connais depuis vingt ans, pour m'aider à l'élaboration de ce projet. Il est en train de finaliser un compte d'exploitation afin de me permettre de savoir où je vais. Il m'aidera aussi en temps voulu à élaborer le dossier d'aide à l'installation qui prend en charge 35 % du matériel viticole.

J'imagine produire un vin rouge de belle qualité (bon, cela va de soi !), souple et simple, avec de la fraîcheur. Nous sommes partis, du moins pour le début, sur deux cuvées, l'une à 8 euros, l'autre à 10 euros.

J'aimerais beaucoup que ce projet soit collégial, que certains d'entre vous qui aimez le vin aient envie de posséder un peu de ce domaine, de le suivre, de venir vendanger peut-être, et de donner un avis sur le vin, voire d'aider à faire croître l'entreprise. Ce serait une formidable aventure humaine.

Je souhaite passer du temps sur place, vinifier le vin – épaulée par les conseils d'un œnologue local –, tailler la vigne, faire certains travaux qui sont en mon pouvoir, le commercialiser.

Dans le compte d'exploitation, nous avons prévu de faire appel également à des prestataires de services pour les travaux mécanisés afin d'éviter l'achat de gros engins, qui serait exagéré pour une petite entreprise.

J'ai donc pensé mettre en place un GFA ou une SCEA (à définir encore) avec dans le capital des parts de 5 000 euros, sans que chacun ne dépasse deux parts afin de ne pas rendre complexe une histoire que je veux fluide et légère.

Qu'en pensez-vous ? Auriez-vous envie de me suivre dans cette aventure ?

Bien amicalement,

Laure »

« OUI ! », m'ont répondu en cœur 98 % de ceux qui ont reçu ce message. J'avais allumé une mèche, un feu joyeux s'est emballé.

Quels furent mes amis assez fous pour se lancer avec moi dans cette aventure ? Une histoire très particulière me lie à chacun d'eux et, grâce à cela, tous ensemble nous avons formé une vraie famille, avec le respect de nos différences. Je ne savais pas qui me suivrait alors, mais quand j'y repense, je me dis qu'un lien inconscient nous a unis et nous unira toujours, car rien ne nous enlèvera cet épisode, fût-il passé. Je vais vous les présenter, un à un, pêle-mêle.

Étrangement, je crois que la première personne qui a répondu à ma proposition est Rupert Birch. Nous n'étions alors pas très proches, mais nous avions eu des échanges profonds. J'avais rencontré Rupert quand il était vigneron en coteaux d'Aix. Ex-trader anglais, passionné par le vin, il avait acheté le très joli domaine de la Brillane qu'il a converti à la culture biodynamique. Lors d'une dégustation à l'aveugle, j'avais remarqué son vin et avais voulu rencontrer son élaborateur. C'est ainsi qu'a commencé notre amitié. Il avait un gîte sur son domaine que mon mari et moi aimions beaucoup, et dans lequel nous avons passé quelques week-ends, avec notre nouveau-né, Elie. Au bout de dix ans de difficultés que je ne connaissais pas, Rupert a vendu son domaine pour rentrer à Londres et s'installer comme importateur de vins biologiques. Enfin, je résume, car la vie de Rupert possède des aléas que j'ignore. Mais que cet ancien vigneron me soutienne dans ma démarche m'a vraiment encouragée. Aujourd'hui, à 60 ans, Rupert a transmis son affaire londonienne à l'un de ses fils. Il vient de passer un an au Cambodge pour enseigner le vin. Un vrai aventurier, et c'est tout ce qu'il me fallait. Mes autres amis des Gentillières ne sont d'ailleurs pas d'une autre trempe.

Plusieurs d'entre eux se sont manifestés en même temps. Pierre Labruyère, qui dirige, à Montpellier, France AgriMer, l'établissement national des produits de l'agriculture et de la mer qui dépend du ministère de l'Agriculture, a répondu présent. Je l'avais connu vingt ans auparavant en Bourgogne, alors que toute jeune, j'avais créé le défilé de mode *La Robe du Vin* au Château du Clos de Vougeot. Sonia Rykiel, notamment, était venue le parrainer. À l'époque, alors que je ne le connaissais pas encore, Pierre avait été mécène de l'événement. Vingt ans plus tard, il s'est retrouvé là pour m'épauler dans mes nouvelles initiatives. Avec ses responsabilités professionnelles, il ne pouvait pas s'engager personnellement. C'est sa fille Sandrine qui est devenue mon associée et qui s'est investie dans notre domaine.

La journaliste et écrivaine Michèle Fitoussi a également été l'une des premières à être enthousiasmée par le projet. Je l'avais rencontrée grâce à mon mari Manuel Carcassonne qui l'avait éditée. Elle est rapidement devenue une amie ; et elle m'a soutenue aussi comme jeune femme dans ma profession. Grâce à elle, j'avais intégré le premier club de femmes de France, Forum Elle, créé par la première notaire du pays, Christiane Letulle-Joly. Lors de nos dîners, j'ai rencontré des personnes courageuses issues de métiers très divers, souvent envisagés comme masculins. Je me souviens de l'une d'entre elles à la tête d'un sous-marin, dont elle était la seule représentante féminine, nous racontant un abordage avec des pirates en Océanie, ou d'une autre encore travaillant dans un groupe d'intervention négociant avec un preneur d'otages. Même si les femmes ont aujourd'hui dans l'ensemble des sorts meilleurs que leurs mères, le combat n'est pas terminé. Féministe active, Michèle ne baisse pas la garde. Sa biographie d'Helena Rubinstein, une Polonaise qui a su se réinventer plusieurs fois au cours de sa vie, est sans doute le livre que je préfère d'elle. Dans notre aventure viticole, Michèle s'est révélée comme une maman au départ. Elle m'aida à mettre le pied à l'étrier, à choisir le notaire, venir voir les vignes à la première heure, et à encourager d'autres amis communs à faire partie de notre nouvelle famille. Comme Guy Princ, son compagnon chirurgien, dont j'adore la bonhommie et le côté rassurant. Comme Caroline Thompson et Jean-Pierre Weill. Caroline était une amie d'enfance de mon mari, et cette nouvelle alliance m'avait beaucoup touchée. Les amis de mon mari, qui étaient devenus aussi les miens pendant nos années de mariage, ne m'abandonnaient pas. Je reconnais que c'était aussi là un soutien moral majeur et puissant. Ce fut le cas pour Caroline Benjo et Carole Scotta, deux productrices de cinéma, à la tête de Haut et Court qu'elles avaient initié peu d'années auparavant. Comme également Chékéba Hachémi, une réfugiée afghane, qui avait lancé une version du magazine *Elle* à Kaboul, que j'avais croisée quelquefois. Voilà une femme d'une énergie folle qu'aucune entreprise n'effraie, car, à lutter contre les Talibans, elle avait côtoyé la mort bien plus souvent que la plupart d'entre nous.

Par un grand hasard aussi lors d'une signature d'un de ses livres au salon d'Hossegor, Michèle a rencontré Frédérique Dutheillet de Lamothe, alors directrice des Crus bourgeois de Bordeaux, que je connaissais par mon travail. Quand Michèle lui a raconté qu'elle était en train d'acquérir quelques arpents de vignes dans les Terrasses du Larzac, Frédérique a immédiatement voulu en être, notamment parce que sa famille était de la région de Lodève, où elle était spécialisée dans les textiles. Du nom de Tessereinc (tisserands), les parents de Frédérique avaient gardé une grande maison sur le plateau du Larzac. Cette aventure résonnait intimement en elle. Elle a fait partie de mes associés avec son mari Hugues, propriétaire d'un vignoble dans les Graves, à Coubeyrac.

Michèle connaît très bien également le journaliste Pierre Haski, avec lequel elle avait mis sur pied, après la publication à succès du *Journal de Ma Yan*, une association pour les Enfants du Ningxia, une province du nord-ouest de la Chine, afin de les aider dans leur éducation. Pierre, je l'avais rencontré au mois de janvier 2003 à Pékin, alors qu'il vivait dans les hutongs, les vieux quartiers de la ville. Correspondant pour *Libération*, il couvrait toute la Chine. J'avais l'impression d'avoir rencontré Tintin, tant son décor de travail paraissait romanesque. Le « terrain » était moins facile que l'image que j'en ai eue, mais ce que j'ai immédiatement aimé chez Pierre, c'est aussi bien sa simplicité que sa profondeur. Rares sont les êtres qui savent être aussi présents que lui, avec autant de positivité. Difficile à expliquer, mais c'est ainsi que je l'ai ressenti. Par la suite, Pierre est revenu à Paris, a quitté *Libération*, a fondé le site d'infos *Rue 89*, qu'il a ensuite vendu à *l'Obs*. J'ai suivi avec passion son parcours, qu'il venait parfois nous raconter à la maison. En bon aventurier, il est entré de tout son élan, avec sa femme chinoise Laura, dans notre entreprise.

Que des amis de mon mari me suivent en dehors de mon ex-couple m'a énormément aidée. Et même son ex-compagne, Héloïse d'Ormesson, avec laquelle je me suis toujours bien entendue, la maman de Marie-Sarah, la sœur aînée de mes enfants, s'est également engagée dans les Gentillières, ainsi que ses cousins Frédéric Malle (habitant désormais à New York), fondateur de la Maison d'édition de parfum éponyme et Sébastien de Ganay, un artiste dont j'admire les œuvres, installé avec sa famille en Autriche. L'aire géographique de mes associés s'étendait. Londres, New York, Vienne… J'ignorais que cette distance compliquerait parfois les choses du point de vue administratif. Mais je n'en étais pas encore à ces considérations. J'observais ma nouvelle famille se former autour de moi, et c'est tout ce qui m'importait alors.

Jean-Pierre Coffe, avec qui j'avais travaillé pour son émission de radio *Ça se bouffe pas, ça se mange* sur France Inter et écrit le livre *Recevoir vos amis à petit prix* chez Plon, a tout de suite approuvé mon projet. « Laure, je vous aime tous les deux, Manuel et toi. Je ne veux pas choisir. Donc, je donne mon prochain livre à Manuel et, toi, je te soutiens dans ton vignoble », m'a-t-il dit au téléphone. Ensuite, il m'a appelée très régulièrement pour savoir comment j'allais dans cette aventure. Son compagnon l'a naturellement suivi aux Gentillières, ainsi que l'un de ses amis libraires d'Alençon, en Normandie, Christian Gautier, qui me connaissait déjà par l'intermédiaire de mes livres et de mes articles. Il est même devenu l'un des membres les plus actifs du domaine. De même, c'est Jean-Pierre qui m'a présenté son amie expert-comptable, Michèle Picot. Elle est la seule personne des Gentillières que je ne connaissais pas avant cette histoire. J'ai découvert une femme d'une douceur constante et apaisante qui m'a toujours réconfortée.

À la lecture de mon mail, Jannick de Closets m'avait aussitôt appelée. « Laure, ton projet est formidable. Si j'étais plus jeune, je voudrais y participer physiquement, mais François et moi te soutiendront autrement. On veut des parts ! Et je vais immédiatement à la Fnac acheter une carte des environs. » J'avais travaillé avec François de Closets sur une émission consacrée au vin au Maroc pour France 2. Mais c'étaient surtout des amis proches.

Quant à Jean-Marie Périer, sa réaction spontanée a été très drôle. Nous avions écrit un livre ensemble (*Les vins de Laure*, Grasset, 2009), pour lequel nous avions fait le tour de France du vin. Pour lui, il était évident qu'il serait de la partie. Il m'a envoyé un chèque, avant même que les choses administratives ne soient lancées. Comme je ne l'avais pas encaissé au bout de quinze jours, il s'en est inquiété : « Il faut absolument que tu encaisses le chèque. J'ai des sous en ce moment, et ces choses-là ne durent jamais longtemps ! », avait-il affirmé en riant, comme à son habitude. Jean-Marie a fait partie des Gentillières avec Daffy, un petit cocker noir, avec lequel il partage ses nuits désormais. Enfin, ça, c'est ce qu'il veut bien nous dire pour nous faire croire que du haut de son grand âge, il a renoncé au sexe opposé qui lui a causé trop de soucis (*dixit*).

Notre domaine des Gentillières a eu un autre petit chien, Blanca, le Jack Russell d'Eric Landau, un ami qui m'a soutenue dans les moments les plus difficiles.

Mais les membres de ma nouvelle famille ne s'arrêtent pas là ! À ce moment, depuis une dizaine d'années, Badia Reddad, spécialiste de la cire orientale, s'occupait de me faire les jambes lisses. Quand je me suis retrouvée chez elle à lui raconter ce projet, elle m'a demandé pourquoi je ne lui proposais pas d'en faire partie. Je ne lui avais pas envoyé mon fameux mail parce que je n'avais pas imaginé qu'elle aime le vin. Mais même si elle n'en buvait pas, elle aussi rêvait de vignes dans le Sud ! Et puis, surtout, je crois qu'elle avait envie d'encourager une amie. Il en fut de même avec ma cousine Nicole Maëstre et son frère Cyrille.

A posteriori, je me rends compte que les membres des Gentillières ont compté parmi eux la marraine de ma fille, Nicole, mais aussi son parrain, Jean-Marc Piaton. C'est vraiment une coïncidence, car j'avais rencontré Jean-Marc des années auparavant, lorsque, en tant que designer, il avait refait toute l'image de la Maison de Champagne Laurent-Perrier. Par un grand hasard, nous avions découvert que sa femme était une amie de mon mari. Et voilà comment nous sommes devenus proches. Aujourd'hui, nos enfants sont inséparables.

Enfin, mes amis Gilles Legrand et Frédéric Brillion, producteurs de cinéma, créateurs d'Épithète Films, s'inscrivirent pour faire partie des nôtres. Notre histoire avait commencé autour du vin près de dix ans auparavant quand Gilles, qui est aussi réalisateur (*Malabar Princesse*, entre autres, c'est lui) avait eu l'idée de faire un film dans cet univers. Je les avais conduits de la Bourgogne au Bordelais à la rencontre de vignerons qui les aideraient à donner de la chair à leurs personnages fictifs. Ensemble, nous avons sillonné un certain nombre de domaines viticoles. Avec Niels Arestrup et Lorànt Deutsch, *Tu seras mon fils,* sorti quelques années plus tard sur les écrans en 2011, est le fruit de nos échanges. Quand mon mail leur est parvenu, ils ont été très réactifs. Après avoir traité du vin comme une fiction, nous en faisions une réalité. Nous allions produire tous ensemble notre propre vin. Il n'y aurait plus qu'à lever le coude pour le partager.

Voilà comment ma nouvelle petite famille s'est formée en quelques jours.

Mais personne n'était là pour m'accompagner chez le notaire à Lodève ! Il y a quelques mois encore, je ne connaissais pas Brigitte et Jean-Pierre qui se trouvent, côte-côte, à l'avant du véhicule. Leur complicité me touche d'autant plus que mon couple vient d'exploser. Ces derniers temps, je suis régulièrement venue les voir dans leur village de quatre-vingts habitants, au cœur duquel un potier a ouvert la seule échoppe. Accrochée à la montagne, sur les contreforts du plateau du Larzac, leur maison en hauteur d'Arboras s'imbrique dans cet ensemble compact. En face de leur portail, à huit pas de largeur de la ruelle, voilà la mairie, avec sa petite marche et sa porte de poupée. Il faut s'incliner pour entrer dans la maison commune d'Arboras. Ici, chacun sait ce que fait l'autre en temps réel. Chaque habitant est un maillon vital de la chaîne communautaire. Je le découvrirai plus tard. C'est Brigitte, la femme du pays, qui nous vend ses vignes de famille, quasiment cinq hectares en sept parcelles réparties sur deux communes, Arboras, et Saint-Saturnin-de-Lucian, en contrebas dans le prolongement. S'il est d'origine belge, son mari Jean-Pierre n'en a pas moins été maire du village pendant vingt ans. J'ai compris : pour s'adapter et s'intégrer au cru, rien de tel que de prendre des responsabilités que les autochtones refusent, moins par goût du pouvoir que par goût de la manipulation. Pour contrôler les divers intérêts, mieux vaut rester dans l'ombre que de risquer de tomber de la lumière.

Avant de partir de chez elle, où nous nous étions donné rendez-vous, la propriétaire des vignes m'a demandé, presque timidement :

— Cela vous embête-t-il si mon mari nous accompagne ? Nous faisons généralement tout ensemble, s'est-elle justifiée.

— Bien sûr que non !

— Alors, prenons notre voiture.

J'ai suivi le couple, en observant les gestes protecteurs de l'homme. Sa femme boîte légèrement à cause d'un accident qu'elle a eu des années auparavant. La voiture était tombée dans un ravin depuis le pont à l'entrée du village. Ils ont deux fils auxquels ils souhaitent transmettre à chacun la moitié de la somme d'argent de la vente plutôt que les vignes qui ne les intéressent pas, parce que leur vie est ailleurs.

Derrière mes vendeurs qui vont de l'avant, je me dis que je devrais être heureuse et enthousiaste. Bizarrement, ce n'est pas ce sentiment qui l'emporte, mais l'angoisse : que suis-je en train de faire ? Acheter un vignoble ! Un rêve sur le papier. Alors que celui-ci se transforme en réalité, j'ai peur soudain. Le moment solennel qui s'approche me fait prendre conscience de l'acte qui s'annonce. Un engagement colossal. Cela met en perspective mes vingt ans à venir. On n'achète pas des rangs de vigne comme un pantalon qu'on peut laisser au placard quand il ne plaît plus. Je me rends compte aussi que je ne suis pas du cru, que je ne connais presque personne, que je suis vraiment seule dans cette histoire : mes amis qui ont bien voulu investir quelques deniers dans cette aventure ne sont pas d'ici non plus.

Or, je suis tombée amoureuse de ce lieu. Un coup de foudre pour cette terre aux couleurs chatoyantes. Au printemps, le jaune domine les collines : du mimosa, encore du mimosa. Parisienne, arrivée de la grisaille du Nord, je suis restée impressionnée par cette lumière vive qui m'a pénétrée droit au cœur, dans toute ma chair. La richesse, la diversité du site m'ont bouleversée aux larmes. Je ne suis pas non plus une citadine chavirée soudainement par la découverte d'une province, car je connais très bien le vignoble français pour y passer, en tant que journaliste spécialisée dans le vin, une grande partie de l'année lors de mes divers reportages. En revanche, je découvre l'attirance vitale, la révélation, que certains peintres, comme Gauguin ou Van Gogh, ont ressenti pour le Sud. Ne suis-je pas moi-même une Méditerranéenne qui s'est toujours ignorée, avec mes origines italiennes et espagnoles ? Voilà que cette lumière nouvelle fit résonner mes cellules. D'ailleurs, je crois que la mort récente de ma grand-mère a tout accéléré. Sa disparition m'a tellement chamboulée que j'ai pris la décision d'arrêter sur le champ tout ce qui n'allait pas dans ma vie.

Puisque ma vie de couple est un désastre, j'y mets fin comme un fardeau que je dépose au sol pour continuer ma route, plus légère. J'ai fait un test : pendant un mois, combien de repas partagerions-nous, mon mari et moi, ne serait-ce que dans la paix, à défaut de joie ? Le délai est passé et le bilan fut rude. Un soir, j'ai posé sur mes pupilles des lentilles pour changer la couleur de mes yeux. Toute la soirée, j'ai attendu une remarque qui n'est jamais venue. On peut poursuivre indéfiniment cette vie où l'on évite de prendre ensemble le petit déjeuner. Nous étions au bout de notre histoire. Ce qui est formidable, c'est que nous en avions conscience tous les deux. Laquelle m'attend à présent ?

Conduite dans cette voiture par ce couple amoureux même après bien des années de vie commune, qui se séparait de leurs vignes familiales pour en transmettre l'argent à leurs enfants : me voilà propriétaire de sept parcelles de vignes, qui comprennent trois cépages : syrah, grenache et carignan. Comme nous sommes au printemps, la taille est presque finie. J'ai fait faire les premiers labours. Désormais, il faut s'occuper de ces ceps qui vivent, poussent, ont des maladies, réagissent au temps, produisent des raisins. Justement, où vais-je les vinifier ? C'est bien beau d'avoir acheté des vignes, encore faut-il un lieu pour réceptionner les raisins, afin de les transformer en vin que j'élèverai. Jusqu'alors, la production de nos vignes en pleine fleur de l'âge, entre 20 et 65 ans, était dirigée vers deux caves coopératives. Pour moi, l'idée était de vinifier nous-mêmes et de mettre notre production en bouteilles. Je n'avais aucune idée du goût du vin que je pourrais produire, car, avant nous, nos raisins étaient mêlés à ceux d'autres domaines. J'avais goûté beaucoup de vins produits alentour que je trouvais délicieux. À voir la beauté de nos sols, je savais que je ne me trompais pas de terroir. À chaque fois que j'y suis venue depuis Paris, j'ai éprouvé un sentiment d'évidence pour ce lieu magique, harmonieux, complexe : des vignes enlacées d'oliviers, de forêts, de montagne, de garrigue. Mais, dans cet achat, il n'était prévu ni habitation ni chai. Nous avions simplement acquis des vignes, une source de production, rien de plus. Le périple commence.

Bienvenue en Languedoc ! Les vignerons n'ont pas de cave, un comble pour la plus grande région de production viticole au monde. C'est qu'historiquement, on y buvait le vin de l'année. Comment y dénicher un lieu de travail pour moi qui débarque ? J'ai beaucoup cherché dans les villages proches de mes parcelles : Montpeyroux, Saint-Saturnin-de-Lucian, Jonquières, Arboras, Aniane. J'ai fait savoir ma recherche à la cantonade, y compris avec des petites annonces accrochées chez les boulangers ou les buralistes. Je commençais à m'imaginer camper pour élaborer notre premier millésime, sans bien me rendre compte de ce que cela aurait engendré au niveau du bazar matériel. Un jour, j'ai fini par trouver un site magnifique chez un vigneron prêt à m'accueillir dans son chai trop spacieux pour sa production. Mais, renseignements pris, l'homme était dans le collimateur des douanes, avec une cave sous scellés. Hors de question de m'y frotter. Je repars en quête, à débuter des nuits sans sommeil, en me demandant bien dans quoi je me suis engagée, et ce que je vais faire de tous mes raisins. Mars est passé, avril aussi. Toujours rien.

Enfin, un soir de mai, Vincent Goumard du Mas Cal Demoura (en occitan, cela signifie « il faut demeurer », tout un programme) m'appelle. À l'époque, il est aussi président du syndicat des Terrasses du Larzac, et il est devenu rapidement un ami précieux. Il me dit, avec sa concision habituelle :

— Laure, j'ai parlé de toi avec quelqu'un hier soir. Je suis certain que vous allez bien vous entendre. Voici son numéro.

C'est ainsi que j'ai rencontré Bénédicte Tournay. Je me suis vite rendue chez elle, à Salente, un lieu-dit un peu à l'écart de la commune de Gignac, que l'on rejoint par une longue route de terre, bordée de champs, de vignes, d'oliviers et de pins. À un quart d'heure de voiture de mes vignes, le site se déploie sur un dôme, à la fois très accessible depuis la route et ouvert sur un paysage à l'italienne, totalement protégé de toute pollution visuelle. Un petit paradis qui abrite une ferme à l'ancienne, avec son mas et plusieurs dépendances autrefois agricoles.

— J'aimerais créer ici une pépinière de vignerons, m'annonce la frêle maîtresse des lieux.

— L'idée d'une communauté me plaît, lui dis-je. Avec moi, c'est aussi une vingtaine d'amis que j'amène : nous avons acheté les vignes à plusieurs.

— Il y a déjà une vigneronne qui vinifie dans une partie du domaine, répond-elle.

Je rencontre alors Élisabeth, ma voisine de chai, une femme bien campée au regard déterminé, qui exploite seule ses deux hectares. Nous sommes donc trois femmes réunies sur le même lieu. Petit à petit, je découvre l'histoire de Bénédicte et je comprends que j'arrive au bon moment. Dix ans auparavant, elle avait acheté Salente (qui signifie : « la source qui jaillit ») avec son mari. Mais leur changement de vie a viré au cauchemar. Venus de la région parisienne, ils s'étaient lancés dans l'exploitation d'une vingtaine d'hectares de vignes, alors qu'ils ignoraient tout de ce milieu. Un matin, en début de vendanges, soumis à trop de pression, le mari a décidé de mettre fin à ses jours. Je ne sais pas comment Bénédicte a trouvé en elle la ressource à sa survie, sans doute grâce à ses deux jeunes enfants. Toujours est-il qu'aujourd'hui, elle semble rayonner.

Un troisième vigneron devrait s'installer également entre le chai d'Élisabeth et le mien. L'appellation Terrasses du Larzac attire de plus en plus de nouveaux venus, qui viennent tenter leur chance, essayer de réaliser, comme moi, ce rêve de produire son propre vin. L'accueil local est chaleureux, l'avenir seul dira qui sera encore là dans dix ans. En attendant, c'est le début de cette nouvelle appellation qui a le vent en poupe, un peu l'appellation des bobos, il faut bien le reconnaître. Il y a quarante ans, ils venaient ici élever des moutons, maintenant c'est pour y produire du vin.

L'été de mes 20 ans, j'avais rencontré ces familles soixante-huitardes qui peuplaient le Larzac : j'étais allée passer un mois dans la communauté de l'Arche, créée par Lanza del Vasto, à Nogaret. Ce qui est étrange, c'est qu'en arrivant ici comme néo-vigneronne, je ne m'en souvenais pas. Cet épisode de ma vie s'était perdu au fond de ma mémoire, pour ressurgir soudain un jour de marché à Lodève, où je retrouvai, sur un étal, le fromage de chèvre de la communauté avec son pain si délicieux, à l'odeur caractéristique de bon levain doux.

Me voici quelque vingt ans plus tard sur le chemin de ma jeunesse avec, cette fois, des arpents de vignes achetés en communauté. Lorsque je me rends sur nos parcelles de vignes, je sais à quel point je ne me suis pas trompée. Je m'y sens en osmose avec tout ce qui les entoure. Pour le comprendre, il faut vraiment laisser son corps vibrer avec l'air, les couleurs, les parfums, les reliefs qui forment cet ensemble harmonieux dans lequel je m'inscris toujours avec une grande évidence. Mon enthousiasme paraît puéril ? C'est comme « tomber en amour », dirait mon ami Willy de Montréal. À l'angle de notre parcelle de carignan à Saint-Saturnin, l'amandier est en fleur et resplendit. La magie d'un paysage est qu'il ne voyage pas et que, pour le comprendre, il faut le vivre. Seul le vin, bien fait, peut le transcrire à la manière d'une carte postale et en donner le goût ailleurs. Rien de plus romantique. À l'horizon, quelques arbres fruitiers donnent de la hauteur à l'ensemble ras du vignoble. L'herbe envahit déjà nos vignes que je souhaite cultiver en biologie. Pas de désherbants donc. Joss, un personnage haut en couleur qui incarne mon nouveau terroir, accourt auprès de tout nouvel arrivant afin de l'accueillir, le conseiller, et lui donner quelques clés de compréhension avec générosité. Il m'emmène rencontrer le berger au-dessus du village d'Arboras. Vieux garçon, comme on dit, plus que célibataire qu'il n'est pas, Joss vit à Montpeyroux avec son frère dans la maison de famille, où je crois que les affaires de la maman n'ont pas bougé depuis sa disparition. À cinquante ans, son savoir participe à la pérennité de cette campagne languedocienne. Localement, il a sa petite réputation. Avec un don étonnant d'ubiquité, il sait tout de tous, parce qu'il sillonne ce terroir chaque jour avec une préoccupation née d'un véritable amour pour son lieu d'origine. Les coins à champignons, à truffe, à chasse, il en connaît le moindre secret. Rien ne lui échappe de ce qui s'y passe. D'ailleurs, c'est Joss qui m'avait signalé la vente du lot de vignes que j'ai acheté, alors que j'étais en train d'en acquérir un autre, plus petit. Il ne me connaissait pas, mais il avait déjà entendu parler de moi et de mes intentions. Enfant de la balle, Joss est allé à l'école jusqu'à ses 13 ans. Puis, livré à lui-même, il s'est consacré entièrement à la vigne. Elle est devenue une passion pour lui, sa raison de vivre. Il m'avait déjà montré ses propres vignes à Montpeyroux, près de la source, celles dont il a hérité de ses parents. Il les travaille comme un jardin, avec une méticulosité qui contraste de façon impressionnante avec le bazar qui règne à l'intérieur de sa voiture. Je comprends où il place l'essentiel, dans la plante plus que dans l'apparence, dans la vraie vie en somme, celle qui nous dépasse tous. Par ailleurs, je comprendrai bientôt qu'une voiture de campagne puisse devenir un placard. La mienne sera vite similaire à la sienne. D'une limousine noir brillant, elle se transformera peu à peu en véhicule utilitaire, ternie par la poussière de la terre, et je connaîtrai des crevaisons régulièrement. Ce fut ainsi parce que je n'ai jamais eu de voiture appropriée pour mon entreprise qui n'en a pas eu les moyens.

— Pour la vigne, le samedi et le dimanche n'existent pas, me prévient Joss. Il faut travailler quand elle le demande. S'il pleut un mardi après-midi, autant se reposer. Mais s'il fait beau le dimanche matin, autant aller labourer.

Bref, une fois encore, je monte dans le C15 de Joss. J'attache ma ceinture. Cette fois-ci, nous grimpons sur un causse bien plus aride que le lieu où se situent mes vignes. Je me laisse conduire sur une route qui se transforme en un chemin rocailleux, faisant face à un cirque majestueux, formé par les vignes des Cocalières, créées par Sylvain Fadat, un vigneron de Montpeyroux qui a créé le domaine d'Aupilhac en 1989. Joss finit par arrêter la voiture devant un immense bâtiment isolé, de tôle et de bois. Deux chiens accourent vers ma portière. Il m'est difficile de la pousser tant ils font pression. Je finis par y parvenir grâce à Joss qui intervient. Hors de la voiture, le bruit est infernal : des bêlements à n'en plus finir, qui me transpercent, envahissent la combe. Nous ne voyons rien, les bêtes sont à l'intérieur. Habitué à ce vacarme, Joss tire la porte de la bergerie et trouve Frédéric Cambon, le berger, d'une quarantaine d'années aux yeux bleus aussi perçants, que ceux d'un animal sauvage. Visiblement, nous dérangeons, bien que nous ayons annoncé notre visite. Mais ce n'est qu'alors que je me rends compte du jour que nous sommes : le Vendredi Saint, à la veille du week-end de Pâques. Une heure avant notre arrivée, le berger a vendu les agneaux arrachés à leurs mères, lesquelles à présent hurlent de douleur. Une brebis est en train de s'étrangler dans l'entrebâillement d'une étroite mangeoire. Ce spectacle me remue. Je comprends que le berger ne nous voit plus. Il est tout à tenter de sauver la bête, en l'encourageant à retrouver sa respiration.

Dans ma nouvelle vie, avec le vin comme unique bétail, au moins, je ne serai pas confrontée à la mort, ce qui serait au-delà de mes forces. Pourtant, je découvrirai plus tard qu'il existe des urgences avec le vin à peu près du même ordre. Quelques minutes plus tard, l'animal est sauvé. Le berger se lève et nous parlons quelques minutes.

— Joss m'a dit que vous aviez de l'herbe dans vos vignes, me dit-il directement, sans détours superflus de présentation.

— Oui, cela serait-il possible de la faire manger par quelques-unes de vos bêtes ?

— Et comment ! Vous savez, quand je vois toute cette herbe dans les vignes, ça me brûle les yeux. Je cherche de la nourriture pour mon troupeau. Les vignerons ne viennent pas me voir et je n'ose pas aller comme ça chez eux. Bien sûr que ça m'intéresse, me dit-il avec des mots chantants bien accentués.

Avec le berger, aucun instant inutile, aucune parole en l'air. Chaque minute semble être une question de vie ou de mort. Quelques jours plus tard, il est descendu voir mes vignes, mais il n'y avait pas assez d'herbe :

— C'est normal, a-t-il constaté, fataliste. Ces vignes étaient désherbées en chimie jusqu'à présent. Il faut leur laisser le temps de retrouver la vie. Dans deux ou trois ans, vous reviendrez me voir…

Des rendez-vous à deux ou trois ans, c'est nouveau pour moi ! Pourquoi pas ? J'étais si pressée de voir mes vignes parcourues par des animaux qui ne soient pas des sangliers ! Gourmands de raisins, ces derniers débarquent en nombre dès la fin de l'été. Les brebis, c'est en hiver, voire au printemps qu'il faut les faire venir, en tout cas avant les premiers bourgeons, afin qu'elles ne mangent que l'herbe, et qu'elles nettoient ainsi entre les rangs et autour des ceps. Mieux que n'importe quel produit, n'importe quelle machine, n'importe quelle main. Avec l'agriculture biologique, on devrait voir de plus en plus d'animaux dans les vignes, des moutons, mais aussi des poules qui picorent les graines d'herbes indésirables. On en aperçoit déjà, çà et là, bien trop rarement encore. Les règnes végétal et animal sont pourtant bel et bien liés, et il nous faut en retrouver le chemin.

Joss est infatigable, perpétuellement inquiet des vignes, des siennes, autant que celles des autres. En réalité, elles appartiennent à tous, du moins à ceux qui vivent près d'elles, plus qu'à moi qui ne les vois qu'une semaine sur deux. Chaque jour, quand je suis présente, nous passons devant : elles font partie du quotidien de la communauté. Je me familiarise avec cet état des choses. Encore une fois, Joss m'appelle. C'est au sujet de ma parcelle de carignan. Il sait qu'elle a été plantée dans les années 60 et qu'on ne peut ni labourer ni broyer les sarments avec n'importe quel tracteur parce que la distance entre deux rangées n'était alors pas la même qu'aujourd'hui. Elle était plus étroite. Alors, il me dit :

— Allons voir votre carignan !

Avide de tout comprendre pour mettre en place mon nouveau travail, je suis aux ordres de l'homme d'ici. Il vient me chercher et m'accompagne dans ma parcelle. À peine sorti de la voiture, Joss tire un mètre de sa poche. Je suis sidérée par tout le matériel qu'il porte sur lui toujours au moment opportun. Il mesure la distance entre les pieds de vigne : 1,50 mètre.

— Je pense que Sylvain a le chenillard qu'il vous faut, m'annonce-t-il.

Sylvain est le vigneron pour lequel il travaille alors. Quant à moi, en effet, Joss le sait, je ne possède aucun tracteur. Je dois trouver un prestataire pour accomplir cette tâche à façon.

— Venez, on va aller mesurer le carignan de Sylvain ! me lance Joss.

Et nous voilà de nouveau dans sa voiture, à traverser le village jusqu'aux parcelles de mon nouveau collègue vigneron. À peine arrivé, Joss prend son mètre, mesure : idem !

— Je vais vous le faire, moi, le broyage des sarments et le labour de votre carignan !

Ainsi fut fait.

Il m'a fallu quelques mois pour m'approprier mes vignes. Pendant ce temps, j'avais demandé à un vigneron voisin, contre rémunération, de passer une demi-journée par semaine à les observer, avec ou sans moi, selon que j'étais dans les parages ou à Paris. Au moins, j'aurais toujours mes vignes à l'œil, que ce soit le mien ou celui d'un autre. À chaque fois, le vigneron me rendait compte de l'effet du printemps sur la vigne, de l'apparition et de la formation du feuillage, et hélas aussi de telle ou telle maladie, notamment l'oïdium. Je me suis alors rendu compte que la maladie fait partie de la vie de la plante, ce qui m'apparaît comme une incohérence. Partout, on fait du vin à partir de ceps qui sont de véritables béquilles ! Les maladies sont inhérentes à la vigne, de génération en génération, sans que jamais on les soigne. On en limite juste les effets par des traitements. Les observations et les conseils de mon vigneron ont aiguisé mon propre regard pour transpercer l'invisible de mes débuts et traduire la couleur d'une feuille, par exemple. La plante parle à ceux qui veulent bien l'entendre, et passer du temps avec elle. Parfois, même de loin, j'en entendais ses messages. Mais ça, seul un vigneron peut le comprendre. À la fin, je peux même dire que j'appartenais plus à ma vigne que l'inverse, et j'ai compris pourquoi elle est une liane que nous devons dompter… J'ai pu ainsi intervenir au bon moment par des traitements adaptés.

Au début, je n'avais aucune idée des doses et des fréquences nécessaires. Certes, mon vigneron conseil n'est pas du cru, mais il l'est devenu. Mais précisément, parce qu'il ne l'était pas depuis toujours, il pouvait aussi comprendre ma situation pour l'avoir vécue. Quand je l'ai rencontré avec sa femme, cela faisait tout juste une décennie qu'ils avaient acheté leur domaine. Nous pouvions avoir un dialogue pédagogique qui ne soit pas non plus péremptoire, comme aurait pu l'être celui d'un vigneron jaloux de voir arriver une étrangère, femme et parisienne. Un jour, j'ai entendu : « Voilà la Parisienne ! » L'insulte m'avait transpercée comme une lame, d'autant que je ne me sentais pas plus appartenir à Paris qu'à n'importe où ailleurs. J'avais eu l'impression que je venais exploiter une nourriture qui n'était pas mienne, que j'étais un colon, comme avait pu l'être sans doute ma famille espagnole arrivée au XIXe siècle en Algérie, où elle avait planté de la vigne au milieu du désert. J'ai laissé couler l'affront, mais j'ai ressenti à quel point changer de région en France pouvait parfois être équivalent à changer de pays. En attendant, du printemps aux vendanges de mon premier millésime, mon conseiller m'a initiée à apprivoiser l'essentiel, c'est-à-dire mes plantes, à les sentir ne serait-ce qu'en marchant parmi elles. Quand j'étais vigneronne, j'ai appris chaque jour d'elles, et sans doute cela ne sera-t-il jamais fini. Le climat changeant, la vigne nous envoie de nouveaux messages pas toujours faciles à entendre : « Je meurs de soif et de faim », crie-t-elle, tout en luttant contre la sécheresse, la canicule ou la violence des vents. Une plante n'est pas si différente d'un être humain. Elle est un être vivant, d'un autre ordre. Peut-être sera-ce notre combat au XXIe siècle, après qu'au XXe siècle on a fini par respecter les différences entre les êtres humains, de respecter la différence entre les êtres non humains, sans les hiérarchiser, mais accepter leur égalité. Vu le racisme qui existe encore entre les hommes, cette étape vers une conscience toujours plus fine de la vie va prendre du temps.

Cependant, je me demande quelle sorte de vin ma vigne va me permettre de produire. Avant mon arrivée, les raisins de mon vignoble étaient achetés par les caves coopératives de Montpeyroux et de Saint-Saturnin-de-Lucian et mêlés à la récolte des autres coopérateurs qui sont majoritaires dans le secteur. Jamais encore, ils n'ont été vinifiés séparément pour être mis en bouteilles par un vigneron particulier.

Pourquoi, je ne sais pas, mais je m'imagine produire un vin à l'italienne, plein de chair, mais aussi de fraîcheur. J'espère éviter le piège des notes lourdes, pleines d'alcool, que je sens trop souvent dans les vins du Languedoc. Mon vin, je le veux généreux et droit, pur et profond. Il doit avoir de la structure, une ligne, de l'élégance. Que ça semble loin et dur ! Mon premier vin, c'est dans quelques mois, et cela me paraît une éternité... Pour le moment, je n'ai encore acheté aucun matériel. En tout cas, je ne veux faire que du vin rouge, pas de rosé. Le blanc m'est impossible de toute façon, car nous n'avons acquis que des cépages de rouge. Alors, j'ai du mal à croire qu'un jour, je servirai mon vin ! Et pourtant, les vignes sont là, entre mes mains, depuis déjà un mois. Nous sommes en avril.

Le clocher de l'église ouvert sur les cieux de Montpeyroux sonne cinq coups : il est 17 heures. Bagage à la main, je grimpe les marches raides qui mènent à ma chambre douillette, attitrée désormais, La Cardabelle, du nom d'un chardon spécifique au Larzac. J'arrive juste de Paris dans ma chambre d'hôte, La Grange, dans laquelle j'ai élu domicile. Elle se situe près de la place du village, où trône au milieu de la fontaine une fière Marianne, devant des halles récemment restaurées. À peine mes affaires posées, j'appelle Joss et me rends aussitôt à pied chez lui, à trois minutes, pour le remercier d'avoir broyé les sarments de mon carignan. Pendant la taille de la vigne, les sarments sont en effet laissés entre les rangs. On les broie afin que la matière ligneuse se mêle à la terre. Joss me promet de labourer la parcelle d'ici la fin de la semaine. C'est un printemps de rêve. Les oiseaux se font entendre, les parfums se densifient et se multiplient. Mes narines me parlent : la garrigue s'éveille, avec les petites fleurs de thym, les iris dans les fossés, les narcisses, sarriettes, euphorbes, hysopes et autres sauges ou tulipes sauvages. Je suis heureuse d'être là, même si c'est dur d'être seule. Philippe Cornier, un nouvel ami rencontré depuis que je viens dans la région, vient égayer ma soirée ; nous allons dîner dans le village médiéval de Saint-Guilhem-le-Désert, à la Table d'Aurore, où la carte des vins me plaît autant que la cuisine de caractère de la jeune femme. Guitariste classique, Philippe est mon troubadour du Languedoc. Il fait partie des couleurs locales. Dans les rues de Montpeyroux, les vignerons préparent leur week-end « portes ouvertes », mais je ne serai déjà plus là. Mes séjours sur mes nouvelles terres sont encore trop courts et ralentissent ma métamorphose de citadine en vigneronne.

Enfin, je retourne à Salente que je n'ai vu qu'une fois. Le chai m'apparaît certes immense, heureusement vide car je pourrais l'aménager comme je le souhaite, mais surtout délabré. Il faudrait que je réfléchisse, mais en réalité je n'ai pas beaucoup de temps et c'est tout vu. Cela fait des semaines que je cherche un lieu de vinification ; ce sera celui-là. C'est une chance d'en avoir trouvé un déjà tout bâti.

Parallèlement, je découvre l'univers des douanes à Montpellier, où je dois faire enregistrer ma nouvelle entreprise. J'ai passé un temps fou avec l'administration : heureusement, mon ami Pierre Labruyère est de la partie. Il se révèle en la matière un allié fiable et indispensable. Là encore, quelle chance. Sans lui, jamais je n'aurais créé Les Gentillières.

Par exemple, lors de ma première visite aux douanes, impossible de faire immatriculer ma société parce qu'elle n'a pas encore de « lieu de risque », c'est-à-dire un lieu consacré à l'élaboration du vin. Pour le moment, le siège social se situe chez les anciens propriétaires des vignes, mon couple tendre d'Arboras. Je dois réfléchir vite avec Bénédicte. Le fait qu'elle vive sur place, qu'elle y propose des chambres joliment arrangées et une table d'hôtes que je découvrirai savoureuse, représente un atout inestimable. Nous qui avons juste acheté des vignes, sans bâtisse, c'est même incroyable de tomber sur une telle opportunité.

Rapidement, Bénédicte nettoie le chai, le rend présentable. Karine, la jeune femme œnologue de

Béziers, que je viens de rencontrer, visite également le lieu, et l'approuve, même s'il n'est pas idéal. Pour qu'il le soit, il faudrait construire ou faire d'énormes travaux d'isolation. Ce que je ne peux pas, et ne souhaite pas. Pourquoi ajouter une structure supplémentaire dans un paysage alors qu'il existe cet espace vacant ? À partir du moment où j'ai acheté les vignes, j'ai commencé à apprendre à faire matériellement avec ce qui se présentait, à m'arranger de la réalité. Et ce n'est pas plus mal. Le défi me convient, et je le prends comme une leçon de vie. Benédicte et moi rencontrons un assureur, puis nous préparons le bail rural de location qui s'étend sur neuf ans.

À la fin du mois de mai, soit deux mois après la signature chez le notaire, je suis si heureuse de toutes ces perspectives qui s'enchaînent et se dessinent d'elles-mêmes que je convie mes associés à venir découvrir les ceps de vignes qu'ils ont achetés et le futur lieu de nos vinifications. Bénédicte se met en quatre pour préparer les chambres ainsi qu'un grand pique-nique sur l'herbe. Le temps est avec nous, pas de vent, un soleil riant et caressant. Ici, si le vent se lève, on en a pour trois jours. Je le craignais, mais à l'arrivée de nos amis, il s'est caché. J'arrive de deux semaines passées en Australie, à parcourir d'autres vignobles, à la rencontre d'autres vignerons, pour un reportage. Une quête infernale mais qui m'enthousiasme toujours autant. Quelques heures après l'atterrissage de ce voyage de vingt-quatre heures, ragaillardie instantanément par les terres héraultaises, j'accueille pleine d'énergie la plupart de mes associés auxquels j'ai donné rendez-vous à Jonquières au Mas Cal Demoura, chez Vincent Goumard. À l'appui de quelques verres du cru à déguster, il leur explique où ils se trouvent, quelles terres ils ont acquises. Pour les avoir parcourues avec moi, Vincent en parle en connaissance de cause. Où sommes-nous ? À vingt minutes à l'ouest de Montpellier, dans une enclave de terre unique, où les sols ont été reconnus pour leur géologie particulière, leur terroir propice à produire de grands vins, encore inexploités, voire inexplorés. Que de promesses nous attendent ici. Depuis dix ans, Vincent travaille d'arrache-pied au dossier de l'appellation des Terrasses du Larzac pour qu'elle passe de dénomination du Languedoc à une appellation à part entière. C'est dans ce contexte que je l'avais rencontré à Paris lors d'un déjeuner de presse, en compagnie d'Olivier Jullien, créateur du Mas Jullien en 1985, et de Marie Chauffray, qui a fondé avec son mari La Réserve d'O, en 2004. C'est ce jour-là que j'ai été sidérée par l'homogénéité qualitative des vins d'un domaine à l'autre qui pourtant se traduisait dans des styles absolument différents. Certains m'avaient même émue aux larmes par leur sincérité. Ce n'était que le début de mes découvertes.

Ce samedi de mai, mes amis, venus de Paris et d'autres provinces, comprennent mes émotions : ils se laissent happer par l'authenticité de ces quelques villages visités, de Jonquières à Montpeyroux en passant par Saint-Saturnin-de-Lucian et Arboras. La beauté des lieux les conquiert. Au Pressoir, puis à La Terrasse du Mimosa, nous faisons de grands banquets pour fêter notre union. Nous descendons quelques magnums du coin ; nous sommes vraiment heureux, je crois.

Mais ce n'est pas le tout de faire la fête. À présent, les courses ! Il me faut en dresser la liste. Le chai est vide. Je dois l'aménager. Le temps passe, nous sommes mi-mai. Certains disent que les vendanges seront précoces. Plus que quelques semaines pour préparer l'accueil de mes premiers raisins. Avec l'aide de quelques amis, et notamment de Rupert, mon associé anglais ex-vigneron, une liste incongrue se construit selon les idées que je me fais de la façon dont j'ai envie de vinifier : cuves inox, pressoir, égrappoir, échelle, mais aussi balai, éponges, outils divers, tuyaux de multiples tailles, etc. Du simple, de l'efficace, rien de clinquant ou de superflu.

Entre-temps, un événement exceptionnel s'est produit dans le terroir : l'Appellation d'Origine Contrôlée Terrasses du Larzac a été officiellement reconnue par l'Institut National des Appellations d'Origine, soit trois mois après l'achat de nos parcelles. Quand je l'ai appris, j'étais si émue que j'en ai eu des frissons. Le travail rigoureux de Vincent et de quelques autres vignerons a donc rapidement porté ses fruits. En dix ans à peine, le dossier est passé : un cas unique dans l'histoire des appellations françaises et une valorisation d'une ampleur que je ne soupçonnais pas, même à l'heure où beaucoup de vignerons préfèrent éviter des cahiers des charges trop restrictifs pour trouver plus de liberté. Personnellement, je pense que l'une et l'autre voie ne sont pas antinomiques, mais il m'apparaît dommage de se priver de la force d'une communauté pour porter une production locale. Pour moi, les Terrasses du Larzac représentent une famille qui m'a accueillie et au sein de laquelle non seulement je me reconnais, mais aussi grâce à laquelle je me découvre sous un autre aspect.

Un jour de juin, alors que je viens de faire le tour de nos sept parcelles resplendissantes, un de mes associés, Christian, mon libraire d'Alençon, arrive avec sa femme et des amis. Ils ont fait la route en voiture. J'ai peu de temps à leur consacrer car je dois aussi accueillir au chai une première livraison de matériel. J'attends la suivante, la plus importante, seulement plusieurs semaines plus tard, le 12 août, le temps que les cuves soient prêtes en Italie et qu'elles soient acheminées jusqu'à Gignac, où je vais vinifier.

Même si je n'ai pas de maison à moi, même si je suis encore une vigneronne nomade, je commence à avoir des amis, et à prendre des habitudes. Je déjeune souvent près de ma chambre, au bar à vins du village. Quand j'y vais, j'ai « ma table », un tonneau rehaussé d'une plaque ronde en marbre, sur lequel je lis systématiquement la presse du jour, achetée par le propriétaire : *Le Monde* et *Midi Libre*. J'apprécie les nouveaux repères dans mon chaos personnel. Et aussitôt que je suis assise, le propriétaire arrive une bouteille à la main. Il me sert une nouvelle cuvée d'un vigneron du terroir. Le chef, Philippe Ramon, descend de sa cuisine au premier étage pour me faire goûter l'essai du jour, comme cette entrée d'asperges vertes à l'os à moelle et œuf, dans une sauce fleurie et riche d'herbes locales diverses. Je suis gâtée, et cet accueil me fait du bien. Parfois, mon ami de Saint-Privat, l'autre Philippe, m'accompagne et on lève le coude ensemble, à la santé du Bacchus du Larzac. Ouvert sur la place du village, ce lieu est une quintessence de la France, où les habitants autrefois se retrouvaient pour un petit noir, et ici c'est plutôt pour un petit blanc, ou un petit rouge. Les gens passent, s'arrêtent, entrent, restent un moment et partent retrouver leur famille. Comme une scène de théâtre. Quand je pense à ma vie parisienne, jamais je n'y vis ainsi le printemps, c'est à peine si je m'aperçois du temps qu'il fait. Je lève rarement la tête de mon ordinateur. Sinon, je cours à un rendez-vous, j'accompagne mes enfants d'un endroit à un autre, et puis je reste enfermée. À présent, quand je pose le pied sur le quai de la gare de Lyon, de retour à Paris, après quelques jours passés dans le Sud, l'air me serre la gorge. Il me faut quelques heures pour me réhabituer aux odeurs dérangeantes du métro et de la rue. Je suffoque littéralement. J'achète de l'encens, beaucoup, et parmi les plus purs, ainsi que du papier d'Arménie pour désinfecter mon appartement traversé par des molécules indésirables venues de l'extérieur. C'est nouveau, avant je ne le faisais pas. Pourtant, mes poumons élargis au grand air du Sud réapprennent vite à s'atrophier pour survivre à l'ambiance du bitume. Au gré de mes voyages oxygénateurs bi-mensuels, mon corps suit le rythme que je lui impose, s'enfle et se désenfle.

Parfois, mes nouveaux amis vignerons me convient à leur table. Je n'ai pas encore accompli ma première vendange : ils me considèrent encore comme la journaliste débarquée en leur terre. Mais ils me reçoivent joyeusement. Je ressens leur confiance. Un soir où je suis particulièrement en forme, je trouve à l'aveugle trois ou quatre vins : ce fut mon intronisation ! Le genre de miracle qui ne se produit que quand il le faut, comme une ordalie.

Progressivement, les jours s'allongent, la chaleur s'impose. Je ne sais pas comment je vais faire pour aborder l'été. Très égoïstement, mon premier été dans les vignes m'a parfaitement convenu, pour moi qui arrive du Nord : c'est une saison froide. Hélas pour les vignes, ce millésime 2014 s'est également révélé très humide. Il fallait donc redoubler de vigilance et de prévention à l'égard de l'oïdium, un champignon qui se développe à vive allure avec ce climat propice.

En même temps, j'installe notre chai, avec… ma fille d'à peine deux ans. Son frère, âgé de huit ans alors, est en vacances en Provence. Je suis seule, encore. Mais dans ma solitude, une solidarité s'est mise en place. Ma cousine Nicole, très présente depuis ma séparation, s'était associée aux Gentillières. Pour avoir vécu, avec deux enfants, un divorce difficile, vingt-cinq ans auparavant, elle me soutient, et se préoccupe de moi. Entre elle et ma fille, un grand amour est né spontanément. C'est rassurant. Pierre, le compagnon de Nicole, se prend également de passion, autant pour Jeanne que pour les vignes. Et par un hasard incroyable, il connaît depuis trente ans le guitariste troubadour que je veux lui présenter : Cornier et lui ont fait les quatre cents coups ensemble lorsqu'ils vivaient à Nîmes. Je me souviens du moment où j'ai parlé pour la première fois de Philippe à Nicole. C'était au Salon du Livre à Paris, où je dédicaçais mon *Atlas des Vins de France* :

— Au fait, puisque Pierre joue de la guitare, il faut que je lui présente une personne que je viens de rencontrer, un guitariste classique qui vit dans un petit village du Larzac.

Nicole fut saisie. Je n'ai pas compris tout de suite sa réaction :

— Comment s'appelle-t-il ? s'est-elle dépêchée.

— Philippe Cornier.

— Tu plaisantes ? ! C'est le meilleur ami de Pierre !

Cette fois, c'était moi qui restai interdite par cette nouvelle. Je trouvais la coïncidence si improbable. Les amis s'étaient perdus de vue depuis quelques années et ils se retrouvaient comme s'ils ne s'étaient jamais quittés. L'histoire des Gentillières promettait d'être gaie.

Mon premier été dans les vignes fut l'occasion de découvrir le Sud. Je n'ai pas fait de tourisme car j'avais bien d'autres chats à fouetter, avec ma cuverie à préparer pour les vendanges qui allaient vite arriver. Mais j'ai découvert, en bonne citadine du Nord, (et pardon si je fais rire certains d'entre vous qui êtes accoutumés à ce qui suit), ce que c'est de vivre en tongs, de porter des vêtements légers, et de me déplacer, le nez au vent, comme si j'étais toujours en vacances.

Ces premiers mois, je me suis souvent perdue sur les routes. Je confonds les villages, je ne saisis pas la logique des routes, c'est comme s'il me faut découvrir une autre forme de structure mentale en même temps que j'explore la géographie de ma nouvelle vie. Et puis, c'est vrai, à Paris, je n'ai plus de voiture depuis longtemps, je ne conduis plus. La capitale est riche de tellement de modes de transport, bus, métro, taxi, etc., à disposition qu'il est inutile de s'encombrer d'un véhicule personnel qui fait perdre autant de temps, d'énergie que d'argent. Reprendre le volant fait donc partie de la vie à la campagne, où finalement, au quotidien, je marche moins qu'en ville. Hors de Paris, le règne de la voiture domine. Cela me gêne presque de dépendre de cet objet polluant, à tous niveaux. Je m'y suis contrainte, car peu d'autres choix de moyens de transport se présentent si on veut être indépendant. À quel point c'est bourgeois de constater cela, surtout pour moi aux origines paysannes. De nombreux Parisiens ne s'encombrent pas de passer le permis de conduire. Et le père de mes enfants en fait partie. Je ne crois pas que cela lui ait manqué.

Passer du temps dans une voiture, dans mes premiers moments de vie en province, m'est apparu contre nature, et d'une grande étrangeté. Au volant, notre cerveau se met dans un mode de pensée au ralenti, ou du moins, il se divise en deux : une partie concentrée sur la route à anticiper, à être patient, à appréhender les autres, les virages, la vitesse ; une autre partie déroule un mental axé sur les choses à faire, ou à revoir des échanges qu'on aurait dû avoir. Je dois faire un effort surhumain pour considérer le temps en voiture comme un temps qui n'est pas perdu. En ville, je peux vivre sans doute comme dans un village français du XIXe siècle, où tous les commerces sont à la ronde, à disposition. En me rendant dans le Languedoc, je suis propulsée au XXIe siècle, dans des villages où il ne reste rien que des habitants sans services à proximité. Tous possèdent une ou plusieurs voitures.

Vivre à la campagne, c'est forcément se confronter au poids de la vie matérielle. Et quand, en plus, on devient vigneronne, c'est le monde du solide, de l'imposant, qui s'affirme. Jusqu'alors, je ne vivais *grosso modo* qu'avec un crayon et un carnet, pour travailler. Désormais, ce sont plusieurs tonnes d'appareils et de machines qui prennent place devant moi.

Quand mi-août un double semi-remorque parvient devant la petite porte de mon chai, je suis prise à mon propre piège. Mes cinq cuves inox flambant neuves arrivent d'Italie. Il nous faut plusieurs jours pour les installer. Je dois emprunter un élévateur à mon voisin car évidemment, je ne possède rien, et donc pas ce véhicule. Je plonge dans un engrenage matériel qui attire le matériel, en nécessite toujours un autre, et encore un autre.

Quelques jours auparavant, j'ai reçu le premier objet de ma liste de courses : mon échelle. Avec mon associé Christian, nous l'avions attendue, les fesses posées au bord du pot de lauriers, décoration de Bénédicte, devant le chai. Je n'avais pas encore de chaise, rien. Caressés par un doux soleil, que nous apprécions particulièrement, tous les deux en Nordiques, nous bavardions en patientant pour la livraison. À moins d'un mois des vendanges, je n'attendais alors que mon échelle, et étrangement, je n'étais pas stressée, j'avais l'impression que tout allait se faire dans l'ordre. Pour le moment, j'étais ravie de cette échelle que j'allais recevoir. Je l'avais choisie grâce aux conseils de Rupert, qui m'en avait recommandé une de sécurité, télescopique, avec des rampes de chaque côté. J'avoue que je ne pensais pas un jour passer autant de temps à choisir une simple échelle. C'est que finalement, chaque détail a son importance et, en le négligeant, il engendrerait des conséquences insoupçonnées. Pendant toute ma vie de vigneronne, j'ai franchement aimé mon échelle autant que mon pressoir qui est l'outil identitaire de mon nouveau métier. Je la pose solidement sur mes cuves, grâce à ses crochets. J'en monte et descends un seau à la main ou un tuyau, avec aisance et confiance. Comme je suis souvent seule dans mon chai, ce détail n'en est plus un quand on sait le nombre de vignerons qui sont tombés de leur échelle, se sont cassé le dos, une jambe… Le jour où un œnologue passe me voir et qu'il ose critiquer mon échelle jugée trop lourde pour lui, il passe dans mon (maigre) catalogue de *persona non grata*. C'est une femme, moi en l'occurrence, qui a choisi cette échelle comme elle aurait choisi un fauteuil confortable et réconfortant. Et ça, ce n'était pas habituel pour cet homme. D'autant que j'y ai mis le prix : une échelle de luxe, ça ne court pas les cuveries. Mais pourquoi se mettre en danger ? Faire du vin, pour moi, doit se faire en sécurité et je sais qu'il y a des accidents chaque année.

Bref, je découvre une autre planète où la matière et le toucher prédominent. Je me prends même à avoir de nouvelles discussions passionnées autour du sujet. Un soir, je crois bien avoir passé une demi-heure avec deux de mes amis vignerons à parler « éponge ». Pas de celle de Ponge, mais de celles que nous utilisons en cuverie. De la nécessité d'éponges de couleur différentes destinées à des usages différents. Très sérieusement, nous avons fouillé le sujet, car une éponge qui reçoit du produit vaisselle, par exemple, ne peut en aucun cas être utilisée pour nettoyer une cuve ou même un tonneau. Ce serait une hérésie absolue. En devenant vigneronne, ma maniaquerie décuple. Produit alimentaire, le vin est un être vivant et sensible duquel les molécules anaérobiques de mauvaises odeurs ou de mauvais goût sont à éloigner à tout prix. J'aime les vins nets et francs, et ils passent par ce chemin d'hygiène. Bien des années auparavant, je me souviens avoir fait rire des commensaux parce que j'avais dit que le vin que nous buvions à table ce soir-là sentait la serpillière. Pourvu que jamais on ne dise cela de mon vin !

En attendant, je suis toujours à mettre mon chai en route. J'ai déjà dépensé tous nos sous. À moi de faire du bon vin pour en gagner. Le chai dont j'hérite date de la fin du XIXe siècle : à deux de ses angles, il reste, encastrées à la bâtisse, d'énormes cuves en ciment de plus de deux cents hectolitres chacune. Elles monopolisent beaucoup d'espace pour rien, mais ce serait trop ardu de les éliminer. Elles ont une capacité énorme : chacune peut contenir l'équivalent de la totalité de ce que mon domaine produit, et même davantage. Elles témoignent d'un Languedoc productiviste, qui part peu à peu aux oubliettes. Tant mieux pour cette région. Les parois de mon chai sont délabrées, le sol abîmé. C'est une cuverie inutilisée qu'il faut remettre en branle. Je fais installer un évier et un ballon d'eau chaude. L'eau s'écoule dans une rigole ouverte qui traverse toute la cave. Au début, cela me dérangeait, et puis, je m'y suis accoutumée. Je n'avais pas l'habitude de voir le produit de mes égouts. En ville, ce qui disparaît au fond de mon évier s'évanouit dans des tuyaux masqués, mais ne pas le voir me déresponsabilise aussi de ce que j'y jette. De mon chai, en revanche, l'eau s'écoule hors de la cave par une bouche qui se déverse dans le fossé qui longe le chai. Heureusement que Salente est isolé sur son monticule, et que je ne vais pas vinifier en plein cœur d'un village, car alors ce système serait totalement improbable. Il y a tant à faire que ce qui m'apparaissait d'abord comme des priorités a parfois été relégué au bas de la liste de choses à accomplir. En ce mois d'août, il fait 25 °C dans la cave qui n'est pas climatisée. Mes cuves en inox sont thermorégulées ; le vin pourra donc rester à une température fraîche s'il devait y passer l'été suivant, avant sa mise en bouteilles. En conséquence cependant, est exclu dans un premier temps tout élevage en barrique, car sous l'effet de la chaleur, le vin s'évaporerait. Cela tombe bien, je n'ai pas de fût pour le moment. On verra cela plus tard. D'autant que j'enchaîne les chèques pour régler cette mise en place, qui s'en tient au minimum vital. J'en suis juste à lancer la machine. Des prises de courant à installer par là, des joints à ne pas oublier ici, un dossier d'emprunt à boucler, un rendez-vous avec les fournisseurs de l'égrappoir, de la pompe et du pressoir afin qu'ils m'expliquent comment ce matériel fonctionne. Parce que même si, ces deux dernières décennies, j'ai passé beaucoup de temps dans les cuveries des uns et des autres, jamais je n'ai décidé d'enclencher l'un ou l'autre de ces instruments, ni n'en ai été responsable. Donc, je lis le mode d'emploi. J'écoute les conseils. Pour agrémenter mon décor, Jean-Marie Périer m'a offert une photo géante qu'il a prise de tous nos associés. Pierre enjambe mon échelle de compétition afin d'accrocher cet énorme cadre au-dessus de l'entrée. Ainsi, mes amis me tiendront compagnie à leur façon. Depuis cette image d'un moment joyeux, ils me regarderont travailler.

Le compte à rebours de mes premières vendanges est enclenché. Le 18 août, après un tour de vigne, pour me sortir de ma nouvelle grotte, car c'est ainsi que je vivrai dans mon chai les semaines à venir, je constate que ma syrah du lieu-dit Les Intillières a été vivement attaquée par l'oïdium, malgré les traitements effectués au soufre. Il semble que j'en aie manqué un. L'année y est propice. Mon vigneron-conseil me propose de stopper le fléau par de l'huile essentielle d'écorce d'orange. Le produit se révèle efficace : il sèche les champignons et la plante repart. Les vendanges approchent, mais tout peut encore basculer. La pluie ne cesse pas, les températures sont moyennes, le sucre des raisins stagne, la météo retarde les vendanges, ce qui pour l'heure m'arrange égoïstement : le chai n'est pas prêt.

Le 26 août, je suis de nouveau dans ma chambre à La Grange, à Montpeyroux, sans mes enfants laissés chez leur père cette fois. Avec Pierre, on a passé la journée à faire tomber les raisins farcis d'oïdium dans ma parcelle de syrah des Intillières. La maladie risquerait en effet de contaminer le reste de la récolte. À la fin de la journée, je fais les courses à l'Intermarché le plus proche, à Gignac : prises électriques, les fameuses éponges de travail, balai, pelle… Je n'ai pas encore découvert les boutiques locales spécialisées dans ce matériel.

Le 30 août, je vais prendre mon train. Impossible de manquer la rentrée. Un autre impératif dans le calendrier des vendanges : elles ne commenceront pas un jour de rentrée scolaire. Les enfants avant les raisins. Cela tombe bien ; ces derniers ne sont pas mûrs. Et surtout, je prévois de passer tout le mois de septembre dans mon chai sans pouvoir repartir une seule journée à Paris. Donc, autant m'y rendre tout de suite. Ces dernières semaines m'ont permis non seulement d'installer le matériel, mais aussi de m'y projeter, de m'y sentir bien, de trouver des repères. Salente est large, spacieux, étendu, sans voisin immédiat. La paix absolue pour travailler de manière concentrée. Je vais même devenir sauvage. Quand on me demande pourquoi je ne produis pas de vin blanc, la réponse est là aussi. Si je cultivais des raisins blancs, ils seraient mûrs avant les rouges, et donc allongeraient le temps des vendanges, et m'empêcheraient d'être à Paris pour la rentrée des enfants. Je suis vigneronne, mais maman avant tout.

Pendant mes quelques jours parisiens à profiter de mes enfants et à préparer leur rentrée à eux, je suis à distance, au téléphone, les derniers travaux en cours dans la cave. Olivier Jullien m'a donné un groupe de froid dont il ne se servait plus depuis dix ans, mais en bon état de marche. Dans l'œnologie moderne, la possibilité de pouvoir refroidir la vendange a été déterminante : elle permet de restreindre au maximum des intrants dans le raisin, comme le soufre par exemple. « C'est le même groupe de froid qu'utilisait Henri Jayer », m'avait-il précisé. Ce qui est en effet une référence dans le monde du vin. Imaginez ! Le Cros-Parantoux d'Henri Jayer, un premier cru mythique de Vosne-Romanée, en Bourgogne, est le vin le plus cher du monde aujourd'hui. Le plombier est en train d'installer et de raccorder le groupe de froid à mes cuves par d'énormes tuyaux qu'il installe le long du mur. Puisque je ne souhaite pas intervenir chimiquement sur mon vin, le contrôle des températures pendant les fermentations est indispensable. Bienveillant, Olivier me donne également deux cuves cubiques en acier de 50 hectolitres qu'il avait achetées peu de temps après s'être installé comme vigneron, trente ans auparavant, extrêmement bien entretenues au cours de tous les millésimes qu'elles ont vus naître. Ces beaux cadeaux de bienvenue m'encouragent beaucoup.

Le 7 septembre, c'est l'avant-veille des vendanges. C'est moi qui le décide en fonction des maturités de mes raisins. Elles sont différentes d'un domaine à l'autre. Chaque date de vendange se décide au cas par cas, en fonction des cépages, des vignes, et sans doute bien d'autres choses que seuls les vignerons peuvent justifier. Mes enfants en classe, j'ai sauté dans le train pour Montpellier. Arrivée, je ne réfléchis pas, j'enchaîne mécaniquement tout ce que je dois finir de préparer. Je cours dans ma vigne de grenache pour en prélever quelques sarments que j'ai ensuite assemblés en fagots afin de les mettre dans nos cuves toutes neuves. Je les placerai comme un filtre au niveau du robinet de dégustation. Ainsi, pour goûter, le jus du bas de la cuve coulera plus facilement, sans les peaux et pépins pris dans la macération, qui seront retenus dans les mailles des sarments. J'ai ainsi plein de gestes à fournir, certains paraissent insignifiants et pourtant ils sont indispensables. La mécanique est enclenchée, et j'en suis un instrument.

Depuis quelques semaines, je guette la maturité des raisins. Ma fille Jeanne avait goûté les grumes, c'est-à-dire les baies, avec moi, les avait mâchées pour les recracher : « Maman, c'est pas mûr », avait-elle dit avec assurance du haut de ses deux ans. De mon côté, j'ai fait des prélèvements dans chaque parcelle pour les faire analyser, observer que le taux de sucre grimpe peu à peu, et suivre la maturité phénolique du fruit. Les vignerons habitués ne font plus d'analyses œnologiques et se fient à leur seule expérience. Rien qu'avec leur palais, ils savent sentir la maturité optimale de leurs raisins qu'ils connaissent depuis longtemps et ils savent décider fermement de la date cruciale de leur récolte.

Pour ma première année, et sans doute pendant quelque temps encore, j'ai besoin de m'appuyer sur les chiffres d'une analyse pour mesurer aussi mes paramètres sensoriels. Bientôt, peut-être, serais-je assez sûre de moi pour faire confiance à mes seuls sens pour prendre des décisions. Mais comme chaque millésime semble différent, impossible de miser encore sur cette perspective.

Nous sommes un dimanche, à deux jours de mes premières vendanges : je suis en plein recueil. Pour la première fois, je comprends le vigneron jurassien de Montigny-lès-Arsures, Jacques Puffeney, qui m'avait avoué descendre seul dans sa cave chaque dimanche matin pour s'asseoir sur un banc en bois qu'il y avait installé. « C'est pour mieux penser », m'avait-il dit. Ce dimanche précédant mes premières vendanges, je me trouvais dans le même état d'esprit. Le lendemain, arrivent Rupert et Pierre, mes deux alliés de ce millésime. Ils vérifient les derniers détails, la mise en place de l'égrappoir, fixent encore quelques crochets pour poser les tuyaux en hauteur, bricolent deux ou trois choses que je ne sais pas faire toute seule. Le matin, j'ai rendez-vous également avec une femme du Syndicat des Coteaux du Languedoc pour mon premier contrôle : il s'agit d'habiliter l'entreprise qui démarre, vérifier la bonne conduite du vignoble, le matériel du chai et les registres, soit quelques cahiers dans lesquels j'ai pris des notes au fur et à mesure de mes actions, que j'ai préparés.

Mais, ce dimanche où je prélève mes sarments pour mes fagots, une fois encore, je suis seule dans ce paysage immense qui grandit ma solitude. Je marche face au vent qui souffle fort sur le chemin du rocher des Vierges. Je pense à mes enfants. Et puis, il faut que je parte de La Grange, ma chambre d'hôte, pour les deux nuits qui viennent car elle avait été louée de longue date à quelqu'un d'autre. Je fais mes bagages, et trouve une autre chambre d'hôte à Saint-Saturnin. Un jeune couple savoyard vient tout juste de s'installer au Mimosa, une belle bâtisse accueillante, en face du restaurant Le Pressoir. Déménager à ce moment-là me contrarie. Mais l'accueil enthousiaste de ces deux amoureux qui proposent leurs confitures maison le matin, et dressent si joliment la table pour qu'on se sente bien, compense ce changement imposé. Malgré tout, je retourne dans ma chambre de La Grange dès que je peux la récupérer, car j'y ai désormais mes quartiers, même si le parquet grince et que les murs fins laissent passer les ronflements de mes voisins. « Ce n'est pas ici que tu pourras faire des galipettes ! », m'avait lancé Rupert, un brin malicieux, qui y avait passé quelques nuits pendant nos premières vendanges. En ce qui me concerne, je me suis déjà familiarisée avec les draps fleuris à l'ancienne, et je n'ai pas encore envie de déménager. Trop de changements en peu de temps, ça me suffit. Je m'accroche aux petits riens qui font mon nouveau quotidien.

À partir du premier jour de vendange, j'entame une vie au jour le jour. Pas la peine de m'appeler pour m'inviter deux jours plus tard, cela me paraît loin et je ne sais ni ce que je serai en train de faire ni quelles seront mes obligations. Planifier devient une activité étrangère ; je ne vis que dans l'instant, même pas d'heure en heure, mais de seconde en seconde. Je suis présente à moi-même plus que jamais. De Paris, on ne cesse de m'appeler. Je ne peux même pas répondre car mes deux mains sont occupées à tenir un tuyau, appuyer sur un bouton, porter un seau, nettoyer un chapeau de cuve, ou que sais-je encore ? Je suis dans ma grande cuisine !

— Fais des photos ! Envoie-les sur Facebook !

— Mais comment veux-tu que je me prenne moi-même alors que je suis toujours en activité ?

Mes amis citadins m'envient, mais ne comprennent pas que je ne réponde plus à leurs mails, à leurs invitations.

— Mais, dans un mois, tu seras rentrée ?

— Je n'en sais absolument rien ! Je vendangerai peut-être mon carignan... Tu sais, ce n'est pas moi qui décide, c'est le raisin !

— ??! Il pleut à Paris, c'est ce temps de rentrée, d'automne gris...

— Ah ? Je suis en tee-shirt et en short, il fait un temps de rêve ici, dis-je, en regardant le chêne majestueux, tout juste éclairé par un rai de lumière doré, qui orne le champ devant le chai.

Un fossé se creuse entre mon interlocuteur et moi : vivons-nous dans le même pays ? C'est l'automne à Paris, c'est l'été indien dans le Languedoc. Tout à coup, je me rappelle mes premières vendanges bourguignonnes, dans le brouillard humide. Je suis bienheureuse d'avoir acheté des vignes méditerranéennes qui côtoient les oliviers. Ce premier jour de vendange est magique pour moi. Rien ne peut m'atteindre tant je suis heureuse. Aucune contrariété ne peut me toucher, y compris la crevaison de pneu du camion au milieu de la première matinée. « Cela tombe bien, c'est l'heure de la pause-café : j'apporte croissants et pains au chocolat à l'équipe », ai-je répondu quand je l'ai appris. Le soir, lorsque ma première cuve est pleine de raisins, que le calme de la journée est apparu, je suis montée sur mon échelle, je me suis penchée, j'ai senti le parfum frais de ce fruit mûr. « Bon, je n'ai pas acheté les vignes de

Château Margaux, mais ça fera l'affaire ! » me suis-je dit. Rien qu'aux arômes, je sentais le potentiel gustatif que ces petites billes noires m'offriraient. Je suis allée m'asseoir avec les garçons. Rupert m'a tendu un D4 de Partagas, un cigare que j'ai savouré en bonne compagnie, avec la sensation d'une bonne journée de travail accompli.

Les vendangeurs rentrés chez eux après la première journée, notre séance de nettoyage se fait doucement et efficacement en musique. Sur une chaise dans un coin du chai, Philippe-le-troubadour est venu s'asseoir pour jouer à la guitare la *Chaconne* de Bach. Nous savions que Bénédicte nous avait préparé un bon dîner. Je n'avais pas dormi la veille et ne dormirai pas beaucoup pendant ces premières vendanges. L'excitation, sans doute, et aussi les milliers de questions qui s'enchaînent. Le matin, à 6 h 30, j'ai donné rendez-vous à dix vendangeurs sur la place du monument aux morts à Saint-Saturnin afin de les conduire aux vignes. Quand je leur ai dit que c'était mes premières vendanges, ils se sont impliqués franchement dans leur travail. Pierre faisait les allers-retours en camion benne entre les vignes et le chai, et moi j'attendais devant mes cuves, à fignoler sans fin. Rupert m'avait aidée à installer le site de réception avec les moyens du bord. Tout s'est déroulé avec fluidité, et surtout, j'y tenais, une grande sérénité. C'était une journée de soleil qui avait succédé à une journée d'orage si impressionnante qu'il avait fallu faire confiance à la météo. On ne s'était pas trompés. Je savais que cette première journée de vendange serait aussi unique pour moi qu'un premier baiser.

Mes enfants ? En garde alternée, ils viennent une semaine sur deux chez moi qui est évidemment chez eux, même quand je ne suis pas là. Ma cousine a pris le relais pendant ma semaine de garde. J'ai de la chance car les enfants considèrent que c'est la fête pour eux : ils adorent Nicole et réciproquement. Elle les accompagne à l'école, va les chercher, part travailler entre-temps, et dort dans mon lit.

J'ai laissé mes enfants entre leur père et ma cousine qui me remplace. Je ne sais pas encore que je ne verrai ni les uns ni les autres pendant six semaines. J'en suis seulement à guetter les maturités de mes différents cépages pour définir le jour optimum de la vendange. Sur mon portable, j'ai installé trois applications de météo (moi qui regarde en général à peine le ciel quand je suis à Paris – le temps qu'il fait n'atteint jamais mon moral), et je les compare pour mieux décider du jour parfait pour vendanger. Certains vignerons en ont une quinzaine pour se faire leur propre idée. Impossible de mon côté de quitter mon chai, qui devient ma grotte, ni mes cuves, qui accueillent enfin mes premiers raisins tels des animaux nouveau-nés. J'observe cette vie que je contrôle tel un médecin, matin et soir. Plus facile de faire garder ses enfants que ses jus en fermentation ! Pas de week-end quand il s'agit de travailler de la matière vivante ; on n'arrête pas les processus biologiques. Ce serait comme abandonner une casserole de lait sur le feu. Mes raisins en fermentation ont besoin d'une attention constante qui entrave ponctuellement ma liberté de mouvements. Néanmoins, cet état de concentration me comble.

Je ne réponds plus au téléphone car mes mains sont collantes de jus sucré. Soit je nettoie un tuyau, soit je contrôle ma pompe à vin. La civilisation s'éloigne ; la nature me gagne. Mes mains sont toujours en activité. Peu à peu, tout mon esprit se trouve dans mes gestes qui s'enchaînent machinalement, mécaniquement, comme si je les connaissais depuis toujours. Rien de ce qui se passe ne m'échappe. Une minute d'inattention et voilà qu'un bac peut déborder, qu'un tuyau peut laisser du vin s'échapper, que sais-je encore ? Tout est en mouvement. Je comprends à quel point ma présence d'esprit est requise. Quand on écrit face à son ordinateur, aucune conséquence matérielle ne nous guette si l'esprit vagabonde quelques secondes. Dans le chai, un instant d'inattention peut coûter cher. Si les citadins font facilement trois choses en même temps, ils devraient faire un stage à la campagne dans une ferme ou une entreprise viticole pour retrouver la nécessité de leur présence d'esprit.

Les mondes des producteurs et des consommateurs se révèlent hermétiques l'un à l'autre. Difficile sans doute de comprendre qu'un vigneron gère du vivant comme un berger son cheptel, ou comme un chirurgien son patient sur une table d'opération. Cette période de fermentation où la vie devient chaos, où les éléments se déchaînent, exige une attention unique, afin de laisser l'ordre revenir, dans le calme. Le banquier et les clients veulent le vin avant même qu'il existe.

Mes journées de vigneronne filent vite. Parfois, l'heure m'échappe à tel point que seul mon estomac me la rappelle. Je n'ai jamais eu aussi faim. Je me souviens d'un vigneron à Saint-Andelain dans la Loire, Didier Dagueneau, qui me disait en entendant les cloches de l'église voisine sonner douze coups : « Laure, on arrête tout ! C'EST MIDI ! » Mais seule dans mon chai, un peu à l'écart de la paroisse dont le carillon aurait pu me le rappeler, j'oublie le déjeuner. Alors le soir, je meurs littéralement de faim. Je me suis dépensée physiquement. Je ne m'étais jamais ainsi engagée de tout mon corps à un travail. Les jours de récolte, ce sont plusieurs tonnes de raisins qui sont passées entre mes bras, que j'ai hissées jusque dans l'égrappoir, cette machine qui sert à séparer les baies de leurs rafles. La nuit, mes muscles me font mal. Je ne m'étais pas préparée à un tel effort. Mais je ne veux encore rien déléguer. Je veux comprendre, puis faire.

Mes mains se colorent peu à peu du tanin des raisins rouges. Mes ongles se cassent. Un jour où je vais acheter de la crème dans une pharmacie de Montpellier, le regard horrifié qu'a posé la pharmacienne sur mes mains cherchant la monnaie m'a projetée à mon statut nouveau de paysanne. J'ai immédiatement pris rendez-vous chez l'esthéticienne du village de Montpeyroux, où se situe ma chambre d'hôte. Je dois le reconnaître : j'ai fait beaucoup de manucures pendant ces semaines de vinification !

— Mais si tu portes du vernis, tu ne seras plus une vigneronne crédible, m'a-t-on fait remarquer.

— Une vigneronne doit-elle perdre sa féminité ? Et puis, j'ai choisi couleur lie-de-vin, répliquai-je.

Toujours est-il que mon vernis n'est jamais resté intact bien longtemps. Un seul tuyau nettoyé, et le rouge de mes ongles a sauté.

Ce calme du raisin offert, quand je suis seule avec lui dans mon chai, est un don qui imprègne encore tout mon être. Quand, du haut d'une cuve, on observe plusieurs tonnes de raisins, ce n'est pas rien. Ces petites billes noires sont bourrées d'une énergie qui saute à la figure. Elles s'imposent par leur parfum pénétrant et leur petite musique douce, puis elles se révèlent de plus en plus bruyantes au gré de leur fermentation. Elles ont une réelle présence émouvante. Pendant les semaines de vinification, chaque matin en arrivant devant mon chai, je bois mon café dehors, avant d'aller réveiller mes cuves, et voir ce qu'elles ont à dire. En prenant mon petit déjeuner, j'écris sur la table ronde de fortune que je me suis dressée à même les graviers, et je me demande si telle ou telle cuvée est partie en fermentation. Ce moment où les sucres des fruits se transforment en alcool produit une hausse des températures et un dégagement de gaz carbonique. J'attends avant de pénétrer dans le chai dont j'ai ouvert les petites portes en bois en grand pour laisser l'air remplacer les dégagements éventuels de gaz, à l'origine de tant d'accidents parmi les vignerons les plus aguerris. Ce gaz inodore est mortel à qui se laisse piéger. Je laisse le jour frais du matin y entrer avant moi. Alors, mes cuves ont-elles démarré leur travail ? Je n'ai pas ensemencé mes jus avec d'autres levures que celles qu'ils contiennent. J'espère qu'ils vont fermenter seuls. Le soleil se lève, j'attends avant de le découvrir. Le temps est doux, les étourneaux dansent au-dessus des vignes, à grignoter, en gourmands, les raisins mûrs. Au loin, des machines à vendanger font résonner leur marche lente de récolte.

Pendant les vinifications, mes amis se succèdent pour m'aider. Rupert finit par repartir avec son Aston Martin de James Bond.

— Laure, j'arrive ! m'avait-il lancé au téléphone depuis Londres.

Le lendemain, j'ai entendu un magnifique bruit de moteur depuis le haut du chemin qui mène au chai. Au volant de sa chic voiture bleu glacier, Rupert était souriant de bonheur. J'ai compris qu'il avait eu envie de faire rouler sa cylindrée et que traverser la France était un beau prétexte. Dans sa tenue d'Anglais élégant, il a retroussé ses chemises et m'a aidée pour plusieurs travaux de force pendant quelques jours. Rupert est reparti, toujours aussi impeccable. Comme s'il était miraculeusement protégé de la poussière et de la sueur.

Puis voici Christian, qui vient de Normandie en Volvo familiale pour une semaine. Il m'aide à faire les remontages des jus. Il faut voir son sourire pendant qu'installé en haut de l'échelle, il répartit sur le moût, qui flotte sur les matières sèches, le vin pompé du bas de la cuve.

— Tu sais, Laure, c'est la première fois que je quitte la librairie au mois de septembre, en quarante ans de métier ! Ma femme a compris que je ne pouvais pas rater les vendanges.

La joie de Christian pendant ces vinifications dans le Languedoc fait plaisir à voir. Lorsque enfin tous les sucres sont transformés en alcool et les vins stabilisés, nous avons décuvé, pressé et rangé le matériel jusqu'à l'année suivante. Christian est reparti en Normandie, et moi à Paris.

Paris-Arboras, Arboras-Paris, Inspiration-Expiration : ces trajets se sont vite inscrits dans mon rythme personnel au point qu'ils me sont devenus une respiration nécessaire. Après mes premières vendanges, je suis revenue chez moi en me faisant plus de souci pour mon vin, qui n'était plus à proximité, que pour mes enfants quand j'étais loin d'eux. Et si mon vin se transformait en vinaigre ? Va-t-il être bon ? J'ai fermé mon chai à double tour, laissé le vin se reposer. Silence. Je n'ai laissé les clés à personne. Je l'ai abandonné à lui-même pendant une semaine avant de le retrouver. Mais lors de mes nuits parisiennes, je me réveillais avec la crainte que les chambres à air, qui maintiennent les chapeaux de mes cuves hermétiquement fermées, ne se soient dégonflées, ce qui aurait laissé passer l'air et fait augmenter les volatiles de mes vins. Il m'a fallu deux millésimes avant de pouvoir confier les clés du chai que je gardais jalousement.

Quelques semaines après mes premières vendanges, un ami vigneron m'a donné quelques demi-muids, de gros tonneaux de 600 litres, soit le double du contenant d'un fût. J'ai donc entonné (= mis en tonneau) une partie de mon vin, l'autre partie poursuivant son élevage dans mes cuves en inox. En hiver, seule dans mon chai, remplir ces contenants de bois, qui résonnent au son du vin qui s'y écoule, me comble de bonheur. Il me semble accomplir un acte vigneron ancestral. Je crois que c'est précisément avec cette opération que je me suis sentie vigneronne pour la première fois. Alors, le parfum frais et bien défini de fruits noirs du vin que l'on déplace d'un contenant à l'autre embaume tout l'espace. Sans compter la musique douce et profonde du vin qui s'écoule en résonnant dans le creux du bois de chêne.

Régulièrement, jusqu'à la mise en bouteille, je teste le vin. J'enlève la bonde du tonneau, j'attrape ma pipette en verre, la glisse dans le vin pour l'aspirer et le laisse monter. Je le mets alors dans un verre que je hume et goûte. Parfois, il me plaît ; parfois, non. Il faut faire confiance au vin, savoir qu'il a ses hauts et ses bas, comme un enfant qu'on élève, avec un potentiel qu'on doit laisser se déployer. En attendant, tout dépend du climat, de la pression atmosphérique. Il faut intégrer le temps comme un paramètre œnologique non négligeable. Le temps du vin est anachronique, car il nous apprend à ralentir quand la société nous excite et nous précipite. C'est l'impatience d'un vigneron qui le contraint à opter pour des parades œnologiques, des produits qu'il ajoute au vin pour accélérer son processus biologique afin de le mettre en bouteille plus tôt, de le commercialiser dans la foulée et le servir plus vite à table. Nous devenons si pressés qu'on s'appelle même cinq minutes avant de se retrouver pour se dire « j'arrive », au lieu de laisser paisiblement l'autre venir à soi. Quand on écoute le sens du vin, on est renvoyé aussi à ce que les hommes font de leur société. Un vigneron est en cela un vrai garde-fou de notre humanité : il sait qu'on marche sur la tête. Parce qu'il est un pilier précieux de notre civilisation, il est un lanceur d'alerte que nous devrions prendre en considération.

Après six semaines d'absence, j'ai trouvé mon appartement parisien avec une montagne de courrier, que ma cousine prélevait régulièrement. J'ai mis trois heures à dépouiller ces lettres qui m'indiquent que je reviens d'un long voyage. Certaines sont déjà obsolètes. Plusieurs jours m'ont été nécessaires pour traiter tous ces messages.

Mon premier long séjour à Salente a été tellement intense, tenace, absorbant, passionnant, que j'avais l'impression de commencer une longue aventure. Cependant, je me mets en danger. Pendant ce temps, je gagne moins bien ma vie, sans compter tous mes retards administratifs. Je suis seule pour tout faire, chez moi, au domaine, au journal. J'ai beau être gérante du domaine des Gentillières, travailler tous les jours de longues heures pour lui, je ne vais rien gagner avant longtemps, voire jamais... Voire tout perdre ? C'est comme si j'avais mis les pieds dans un piège dont on ne sort pas si facilement et sans force. Élaborer du vin relève de tant de facteurs que tous les gestes que ce métier engendre vous plongent au plus profond de vous, peut-être même dans une histoire qui dépasse chacun, à l'origine de l'homme. Après tout, on sait désormais que le vin est apparu en même temps que le pain et les premières sédentarisations de l'homme, il y a plus de 8 000 ans, ainsi que le chercheur américain Patrick Edward McGovern vient de le découvrir et l'expliquer.

Après trois jours parisiens arrive l'anniversaire des deux ans de ma fille, mais je dois déjà repartir dans nos vignes. Il faut que j'aille apporter à la distillerie de Saint-André-de-Sangonis, la dernière du secteur (qui fermera trois ans plus tard pour être absorbée par une plus grosse encore – une aberration quand on sait l'argent que cette bâtisse récente a coûté à la communauté, mais c'est un autre sujet), le marc que j'ai entreposé dans le champ à côté de mon chai. Brouette après brouette, Pierre et moi avions vidé ce marc dans le champ. Une vraie épreuve de force, mais qui nous rendait heureux. Quand je sortais de mon chai avec ma brouette lourde du marc tout juste évacué du pressoir, je regardais toujours les étourneaux venir grappiller les raisins oubliés sur les vignes alentour, ou un perdreau passer devant moi. Pourtant, j'avais eu de quoi être contrariée. Lors de notre dernier décuvage programmé, qui consiste à séparer le vin du marc, ma pompe est tombée en panne. Elle était toute neuve ! En attendant que

Pierre arrive de Nîmes, où il vit, j'avais commencé à préparer le terrain pour transférer le vin d'une cuve à l'autre. C'est à ce moment crucial que la pompe m'a lâchée. J'ai passé ma rage à transvaser seule, au seau, tout le vin d'une cuve de 40 hectolitres à une autre. Comptez le poids que j'ai porté en une matinée : 4 tonnes ! J'ai eu mal aux poignets et aux bras pendant plusieurs semaines, à m'en réveiller la nuit. Un ostéopathe a fini par me soulager. Je n'avais pas anticipé l'effort physique que ces premières vendanges me demanderaient.

Ce même jour où j'ai transféré mes 40 hectolitres de vin, un représentant de France AgriMer est arrivé pour contrôler ma comptabilité. J'avais en effet demandé une subvention européenne pour l'achat de mon matériel de cave. Une aide non négligeable qui permet aux nouveaux vignerons un remboursement pouvant aller jusqu'à 30 % du total de leurs dépenses. Le contrôleur est donc venu éplucher méticuleusement mes factures et les comparer sur place au matériel présent. Assis sur une chaise de fortune, au milieu des cuves, devant une petite table de camping sur laquelle j'avais déposé mon énorme dossier d'une épaisseur d'au moins 30 cm, il n'a même pas accepté le café que je lui proposais. Avec un sérieux rare et sans un mot, il tamponnait dans un rythme cadencé les factures approuvées, les unes après les autres. J'avais mis un temps fou à rassembler tous ces documents et j'étais bienheureuse de voir que le classement lui permette d'aller vite.

J'avais un autre problème à régler. Pendant toute cette année 2014, depuis le mois de janvier avant même que je signe chez le notaire, j'avais embauché un homme du cru qui taillait déjà nos vignes avant notre arrivée. La cinquantaine, il avait du mal avec moi, une femme Parisienne – deux tares –, et moi avec lui qui me prenait de haut. Le jour où il m'a le plus excédée, j'étais au téléphone avec lui, tout en marchant, à Paris. L'air de rien, il m'apprend qu'il vient de faire un traitement sur mon carignan. Il était allé acheter le produit et l'avait épandu sans m'en avertir. J'ai ressenti un violent coup au ventre et j'ai crié dans mon portable. Qu'il prenne cette initiative sans m'en parler était inadmissible : c'était comme si on avait injecté du poison à mes enfants. Sincèrement, la comparaison n'est pas exagérée. Il n'a pas apprécié que je lui crie dans les oreilles, ce qui est compréhensible.

On ne s'était déjà pas entendus sur la taille de la vigne. Selon moi, il taillait les sarments trop longs. Or, la taille est réglementée par le cahier des charges de l'appellation. Lors du contrôle de mes vignes, la représentante du Syndicat m'avait donné un avertissement et l'avait toléré pour ma première année. Mais même en répétant cela à mon employé, il a continué à reproduire les gestes à sa guise. Ce n'est pas évident de déléguer ce geste de la taille, qui est aussi le plus important pour garantir la pérennité du vignoble. Je l'ai donc convoqué au chai.

— Avez-vous trouvé quelqu'un pour me remplacer ? me demanda-t-il, très sûr de lui.

— Non, pas du tout, répondis-je. Je ne sais pas comment je vais m'organiser, mais la seule chose que je sais, c'est qu'on ne s'entend pas.

Il a acquiescé.

Devant le chai, on s'est quittés ainsi autour d'une bière. Au début, je pensais que je pourrais tailler seule, mais avec mon travail et mes enfants, j'avais compris que ce serait impossible. Je ne souhaitais pas non plus faire appel à un prestataire de services qui aurait taillé mes ceps comme on coche des cases. Je souhaitais que quelqu'un s'implique dans nos parcelles et se sente responsable, une année sur l'autre, de l'évolution de la plante. Quand on veut aller dans une direction culturale, la réponse est donnée par la nature deux ou trois ans plus tard au minimum. Il fallait donc trouver la perle qui s'inscrive dans le temps avec moi.

La réponse a surgi avec une simplicité désarmante. Dans mon gîte, je prenais mon petit déjeuner dans l'immense salle à manger vide. Pour l'égayer, la propriétaire, Romy, une belle Méditerranéenne à la longue chevelure brune, à l'humour décapant, venait s'asseoir à l'autre bout de la table. Elle se servait son petit noir et discrètement commençait une conversation. Grâce à elle, je connaissais l'actualité locale entre deux de mes passages chez elle. Un matin, je lui ai fait part du fait que je cherchais un homme pour m'aider aux travaux de la vigne :

— Je connais une personne avec laquelle je suis sûre que tu t'entendrais bien. Mais c'est une femme, me dit-elle.

— J'ai vraiment besoin de quelqu'un qui soit fort physiquement, précisai-je.

— Tu devrais vraiment la rencontrer pour te faire ton avis, insista-t-elle.

Par la suite, je n'ai cessé de remercier la clairvoyance de Romy. Quelques jours après cette conversation matinale, Carole descendait le chemin de terre qui mène à mon chai. Devant ma petite table ronde en fer, je l'attendais tout en finissant d'écrire un article. Une jeune femme, à la carrure bien dessinée, à la chevelure brune, longue et frisée, apparut. Elle claqua la porte de sa portière d'un mouvement ferme : pas une fille à se laisser marcher dessus. Avec un sourire franc, elle s'approcha :

— Bonjour ! dit-elle avec l'accent chantant des Héraultais.

— Bonjour ! Asseyez-vous ! Je vais préparer un thé. En voulez-vous un ?

— Avec plaisir.

— Alors, venez avec moi, je vais vous présenter le chai pendant que l'eau chauffe.

Je lui montrai mes cuves, expliquai mes objectifs, et lui fis goûter le vin d'une cuve en cours d'élevage. Elle sembla apprécier. Puis, nous sommes ressorties avec nos tasses de thé, pour discuter de notre éventuelle collaboration :

— Quand Romy m'a dit qu'elle vous avait parlé de moi, j'en ai eu la chair de poule, me confia Carole.

— Ah ?

— Il y a quelques mois, j'avais lu dans *Midi Libre* un article sur votre domaine. Je l'avais montré à mon mari en lui disant que j'adorerais travailler pour vous. Et Romy ne le savait pas !

— Oui, en effet, quel hasard ! Mais pourquoi ne travaillez-vous pas en ce moment ?

— J'ai perdu ma sœur cadette il y a un mois. J'ai démissionné il y a un an afin de l'accompagner dans sa fin de vie et aussi m'occuper de sa petite fille. Mais aujourd'hui, ma sœur n'est plus là, et je me sens prête à reprendre le travail.

Carole a à peu près le même âge que moi. Avec son parler franc, je savais qu'on se dirait toujours les choses en temps et en heure, sans laisser un quelconque malaise s'installer. J'avais préparé un contrat que nous avons signé :

— Bon, c'est pour vingt ans qu'on se marie, alors ! lui ai-je dit en riant.

— C'est sûr qu'avec tous nos projets, on en a au moins pour vingt ans.

Nous étions fin novembre, nous commencerions à travailler ensemble dès janvier pour débuter la taille. Cela lui laissait le mois de décembre pour se préparer tranquillement au retour à une vie normale. Quant à moi, j'étais soulagée de pouvoir compter sur quelqu'un.

Le troisième samedi de novembre, j'ai lancé la première paulée des Gentillières à Salente, un dîner que je souhaitais créer comme un rituel annuel. À l'image de Meursault, en Bourgogne, dont elle était originaire, cette fête était destinée à dévoiler le dernier millésime aux amis. La plupart de mes associés sont venus goûter leur premier vin en cuve. Pendant tout le week-end, ils ont continué à s'approprier leur nouveau territoire gustatif et amical. C'était doux d'être ensemble, réunis dans ce lieu que nous avions créé.

Dès le lendemain, je me suis retrouvée aphone et pour plusieurs jours. Ces derniers mois d'efforts intenses m'avaient épuisée.

Deuxième millésime

Le mois de janvier est arrivé vite, avec l'Assemblée Générale des Gentillières pour réunir mes associés et faire le point sur notre première année. Un samedi, deux d'entre eux, Jean-Pierre et Caroline, avaient préparé des lentilles-saucisses réconfortantes, au milieu de cet hiver très froid, afin d'accueillir chez eux tout notre petit monde hétéroclite. À nous tous, nous représentions trois religions, diverses professions (libraire, designer, diamantaire, journalistes, écrivains, artistes, psychologue, esthéticienne, producteurs de cinéma, enseignant, parfumeur, éditeur...), divers pays, de l'Autriche en passant par le Maroc, l'Angleterre et les États-Unis, divers modes de vie (hétéro, homo, pacsés, mariés, divorcés, concubins...), mais tous réunis autour de ce langage commun qu'est le vin. J'étais assez fière de cette famille que j'avais bâtie autour d'un projet unique. J'avais fait venir notre comptable de Montpellier, dont je n'ai jamais compris le langage (qui, lui, n'est pas universel !), et que j'étais bien incapable, en conséquence, de traduire. Mais voilà que l'un de mes associés m'a reproché d'être trop dilettante et de n'avoir pas respecté les règles juridiques pour les convocations, parties selon lui trop tard, par rapport au délai légal. Pour moi, l'essentiel était qu'un maximum d'entre eux soient présents, c'était si compliqué de trouver une date commune. Cependant, il a exigé que cette AG soit reportée parce que nous n'étions pas en colonie, mais les associés d'une vraie entreprise. Formellement, il avait raison. Mais gérer tout ce monde en plus du reste m'était insurmontable. Tant de temps à tout recommencer. Et puis, à quel prix allions-nous vendre notre vin ? Quelle étiquette ? Quel circuit de distribution ? Tout le monde avait un avis différent. J'ai compris que je n'y arriverais jamais. J'étais fatiguée, j'ai fini par pleurer devant tout le monde. On s'est quittés, mi-figue mi-raisin, en se donnant rendez-vous quelques semaines plus tard, avec de mon côté un budget prévisionnel plus costaud. Mais comment faire un budget prévisionnel quand on démarre de rien, sans historique, d'une création d'entreprise agricole qui est loin d'être une start-up ? Notre SARL existait depuis un an, et je voyais poindre les premières difficultés à être si nombreux. Je travaillais pour Les Gentillières en plus de mon travail de journaliste, et je me rendais compte que j'avais entre les mains une entreprise qui n'avait pour l'heure fait que des investissements. Notre premier millésime était en cours d'élevage.

Le lendemain de cette pseudo-AG, un dimanche, mais le nom du jour ne comptait plus pour moi depuis longtemps, je repris le train pour le domaine afin de décider des assemblages. Pour mon premier millésime, j'ai vinifié chacune de mes parcelles séparément afin de savoir ce qu'elles avaient dans le ventre. Je me suis donc retrouvée avec, devant moi, trois cépages, syrah, carignan, grenache avec plusieurs expressions différentes. Toutes nos parcelles sont classées en Terrasses du Larzac, mais pour obtenir l'appellation, il faut non seulement faire un assemblage d'au moins trois cépages, mais encore un élevage d'un an minimum. Cela signifie que je ne pourrai pas commercialiser nos premières bouteilles avant l'automne, et donc pas de rentrée d'argent non plus d'ici là. Je décide alors de faire une cuvée en appellation Languedoc que je peux sortir du chai plus tôt, afin de commencer à faire exister Les Gentillières sur le marché dès le mois de juin. Pour cette journée d'assemblage, je réunis deux de mes associés, dont Rupert venu tout exprès d'Angleterre, et notre œnologue Karine. Nous devrons trouver un terrain d'entente. On pose nos différents verres devant nous, et on procède aux essais. Finalement, on définit trois cuvées pour cette première année. Par la suite, je n'en ferai plus qu'une, car je n'aurai plus jamais autant de vin que ce millésime 2014 qui a produit 18 000 bouteilles. Les années suivantes, entre la sécheresse récurrente et la conversion à la culture biologique, qui bouscule le végétal habitué jusque-là aux béquilles chimiques, mon rendement n'aura fait que diminuer.

Une fois ces cuvées décidées, il fallait leur trouver un habillage. Alors là, j'entre dans un moment épique de l'aventure des Gentillières, car je tenais à ce que chacun de mes associés s'approprie les bouteilles. L'un d'entre eux, Jean-Marc, a conçu le logo de Veolia et de la RATP. Il m'a gentiment proposé de réfléchir à notre image. Je voulais partir de l'idée d'un cœur et sur quelque chose d'assez discret. Puis, nous avons envoyé les différents projets par mail à nos associés. Retours multiples, avec mille avis. Mais qu'allions-nous faire ? Jean-Pierre Coffe a fini par dire qu'il fallait quelque chose de fort visuellement pour exister dans ce monde de bouteilles où personne ne nous attendait. Il a fini par convaincre tout le monde.

Voici sa réaction adressée à tous, après la première proposition d'étiquette :

« Bonjour,

J'ai bien reçu les étiquettes et je dois avouer ma grande déception. Effectivement, c'est joli, mignon, un peu mièvre. Avez-vous essayé de mettre une bouteille étiquetée chez un caviste ? Je vous mets au défi de pouvoir lire quoi que ce soit et principalement le nom du domaine. Par ailleurs, le cœur avec ses deux ailes me rappelle tristement les objets funéraires qu'on installe sur la tombe d'un enfant qu'on vient d'enterrer.

J'ai vérifié dans ma cave : je n'ai trouvé aucune bouteille dont le nom du domaine soit d'un caractère plus petit que l'appellation du vin. Si cette étiquette est destinée uniquement aux actionnaires du domaine, pourquoi pas, mais je croyais que l'intention de chacun était de vendre du vin. Or, je doute qu'avec une telle étiquette, nous ayons une visibilité, quel que soit le lieu de vente.

Désolé de ne pas partager les avis émerveillés de mes coactionnaires, mais c'est mon avis et je l'assume.

Cordialement à tous,

Jean-Pierre Coffe »

À la lecture de ce message, une onde violente m'a traversée. Décidément, la vie des Gentillières ne ménageait pas mes émotions. Mais Jean-Pierre avait raison. Si je reproduis intégralement ici ses mots, c'est aussi pour tous les néo-vignerons rêveurs comme je le fus. J'ai eu la chance d'avoir un ami comme Jean-Pierre qui fondait son affection sur la vérité pour faire avancer les gens qu'il aime. Tous les faux amis sont là pour nous brosser dans le sens du poil. Seuls les vrais nous disent les choses pour nous aider ; et ils savent que le lien est assez fort pour que nous puissions l'entendre. Dans notre petite communauté, Jean-Pierre a ainsi tenu le rôle du grand-père bienveillant, mais avec une fermeté sans apitoiement. Lui-même avait connu assez de déconvenues professionnelles dans ses différentes entreprises pour vouloir m'en protéger, et il avait peut-être plus conscience que nous tous à quel point la bonne commercialisation de notre vin était déterminante pour notre survie. Il ne fallait pas blaguer avec ça, en sortant des étiquettes qui ne plaisent qu'à nous. Il mesurait à tel point que le faire-savoir était aussi important que le savoir-faire qu'il a offert immédiatement un site internet aux Gentillières. Vite, nous avons revu notre copie pour les étiquettes. Grâce à cet électrochoc, notre domaine s'est doté d'une image visible de très loin. Je vous fais grâce de la centaine de mails que j'ai reçus des uns et des autres au cours de ces réflexions.

Un de nos autres associés, Sébastien, un artiste qui vit en Autriche, s'est mis au travail. Toutes nos conversations par mail m'avaient pris un temps considérable, car les semaines passaient, et la première mise en bouteilles, prévue en mai, approchait. Je commençais sérieusement à angoisser. Sébastien est parti du fait que nous étions vingt, et a stylisé le chiffre en vingt points extrêmement lisibles. Ensuite, selon les cuvées, nous déclinerions les couleurs. Nous étions enfin d'accord. Tout le monde a franchement aimé et a été fier d'ouvrir une bouteille avec cette étiquette. Il était primordial que chacun se sente comme un ambassadeur du domaine.

Fatiguée par mes trajets dans des trains de plus en plus nauséabonds (ou est-ce moi qui sollicite tellement mon odorat depuis que je suis vigneronne que je deviens intransigeante ?) et en retard, j'utilise désormais la voiture pour mon voyage de la ville à la campagne. Sept heures de route porte à porte, soit deux de plus qu'en train ou la même chose selon les aléas de la SNCF. C'est moins écologique, je sais. Alors je traverse la France sur des routes magnifiques, notamment quand il s'agit de l'Auvergne, et j'arrive sur le plateau du Larzac, juste après le viaduc de Millau, avant de redescendre sur ses contreforts, où sont situées nos vignes. Après la mise en bouteilles, j'avais déjà quelques commandes. Pour la première fois, j'ai chargé des caisses, fraîchement conditionnées, dans le coffre de ma voiture. J'ai de nouveau traversé la France, du sud vers le nord cette fois, afin de me délester de quelques caisses ici et là, au gré des adresses de mes premiers clients qui jalonnent mon parcours jusqu'à Paris. Afin de faire goûter mon premier millésime, j'ai commencé à le porter sous le bras. Mon sac à main dans une main, une caisse de vins dans l'autre, voilà ma nouvelle silhouette de citadine. Enfin, cette allure vigneronne m'a vite passé parce que des bouteilles à porter, c'est lourd et encombrant. Je me suis lassée de me déplacer, où que j'aille, avec au moins un échantillon pour faire découvrir mon vin. Mes limites commerciales commencent à poindre.

Notre première mise en bouteilles a été une fête. Grâce à elle, mon vin peut quitter le chai, sa région, et aller par-delà le monde. Plusieurs mois auparavant, j'avais commandé un grand camion d'embouteillage, non sans faire attention à l'influence du calendrier lunaire pour le réserver un jour « fruit », plus favorable à ce travail sur le vin. Il s'agissait de préparer 10 000 unités en une journée dans les meilleures conditions. Depuis la cuve où il repose, le vin est aspiré grâce à une pompe, et transite le long d'un tuyau pour parvenir à la chaîne d'embouteillage. À l'autre bout du camion, le vin ressort en flacons étiquetées et empaquetées en carton de six, puis assemblées sur des palettes filmées, prêtes à être expédiées. Plusieurs de mes associés sont venus m'aider. Nous étions dix à être les ouvriers de cette usine d'un jour. Chacun de nous a répété le même geste toute la journée. L'un plie les cartons, un autre y pose une protection intercalaire, un autre y place trois bouteilles, un autre trois autres, etc. Un petit aperçu de ce qu'est le travail à la chaîne. De quoi avoir mal aux bras, pour moi qui ne les avais jamais autant réquisitionnés que ces derniers mois. Au milieu de la journée, nous avons fait une pause-déjeuner, préparée par Bénédicte, près de la piscine. Je ne crois pas que ça se passe dans tous les domaines viticoles de manière aussi bon enfant, mais j'estimais qu'on faisait tous assez d'efforts pour ne pas en ajouter.

À chacun de mes retours sur mes lieux de production, après un intermède parisien, je me précipite pour goûter le vin qui reste encore en élevage dans les demi-muids. Puis, je vais prendre le thé chez Bénédicte qui me donne les dernières nouvelles du temps qu'il a fait, un point qui paraît anecdotique quand on est citadin, mais très important pour une vigneronne. Enfin, je me rends dans ma chambre d'hôte où je prends une douche avant de m'asseoir à La Terrasse du Mimosa sur la place du village de Montpeyroux, juste à côté de mon gîte. En un an, j'y ai pris mes habitudes. Je m'installe sur un tabouret élevé à hauteur de tonneau couvert d'une plaque ronde en marbre qui sert de table. Là, je compare et réfléchis aux vins des Terrasses du Larzac qui se retrouvent tous ici, présentés sur un pan entier de mur. Le chef me sert aux petits oignons, ça me fait du bien. Surtout avant d'affronter la réalité du lendemain : j'ai rendez-vous aux douanes à Gignac parce que j'ai produit 16 hectolitres de plus que ce que j'ai déclaré après mes vendanges. En outre, j'avais tout annoncé en Terrasses du Larzac alors que j'en commercialise une grande part en Languedoc. Toute cette vie administrative me prend un temps que je ne soupçonnais pas. Elle grignote mes soirées et mes week-ends. Et comme ça ne me passionne pas, le temps de lire et relire les textes jusqu'à ce que leur sens atteigne mes neurones, je traîne plus encore. Parfois, je me dis qu'il faut avoir fait l'ENA pour être vigneron. Mais la plupart d'entre eux désormais sont entourés d'une secrétaire, tandis que je suis seule face à cet univers de tristes papiers. Comme le vin est extrêmement contrôlé, ce qui est heureux pour le consommateur, cela prend un temps fou au producteur. Un jour, c'est l'organisme de contrôle de l'appellation qui m'appelle. Rendez-vous pris pour le prélèvement d'échantillons de mon vin. Un autre jour, c'est le contrôle à la vigne avec le représentant de l'organisme de certification en bio. Quand donc, entre tous ces rendez-vous formels, je me retrouve à mon festin solitaire, j'en profite au maximum. Lapin et trompettes de la mort avec courgettes juste croquantes : oui, il m'arrive de m'occuper bien de moi, ce qui est nouveau, mais trop rare. Dans ma chambre d'hôte, je n'ai pas de cuisine. Ma vie au restaurant coûte cher. Il va falloir que je trouve une autre solution. D'autant qu'à la ronde, je n'ai pas beaucoup de choix. Pour finir de me détendre, je goûte encore deux morceaux de brebis du Larzac entourés d'une feuille de cresson et accompagnés de confiture de pêche de vigne. J'ai des excuses, je n'avais pas déjeuné. Je me nourris aussi de l'air si bon de ce village, un air auquel je suis sensible quand j'y reviens. Et puis, la lumière : elle est vive, caressante, pure. Pourtant, je me suis blottie à l'ombre, à l'intérieur au fond du restaurant afin de ne pas exposer ma solitude. Les cloches sonnent… Je les entends toutes les nuits qui se révèlent de plus en plus blanches.

Le matin, me voici au centre de Gignac, la commune sur laquelle se trouve mon chai. J'ai rendez-vous au bureau des douanes qui jouxte la mairie. Quand j'ai démarré ma vie de vigneronne, il me fallait remettre ma déclaration de récolte, chaque mois, à la douanière. J'avais tellement peur de commettre des erreurs sur ces fiches aux lignes serrées et aux abréviations incompréhensibles qu'elle m'a aidée comme si j'étais demeurée. Franchement, sur ce sujet, je l'étais. Ce jour-là, j'avais réussi à l'embrouiller aussi, jusqu'à ne plus savoir à combien de litres correspondait un hectolitre. On compte, on recompte. On finit tout de même par s'en sortir, pour ma part avec un mal de tête épouvantable. À la fin de ma vie de vigneronne, ce bureau de douane a fermé et a été transféré à Montpellier, en même temps que cette déclaration mensuelle est devenue informatisée. J'ai quitté le métier au bon moment, car le site internet pro-douanes buggait régulièrement et m'horripilait. En me retrouvant avec ce document, j'aurais été perdue. J'étais devenue vigneronne précisément pour fermer mon ordinateur, non pour retrouver des occasions de l'ouvrir. Il me semblait qu'en faisant une activité liée à la terre, on développait davantage de relations humaines, mais là aussi, les obligations administratives et informatiques nous éloignent les uns des autres. Moi, j'avais eu la chance de côtoyer une douanière qui m'avait épaulée.

Hormis ces devoirs à accomplir régulièrement, je devais désormais honorer l'expédition de mes commandes. Au début, je ne savais pas comment m'y prendre. Quel transporteur ? Comment préparer les cartons ? Pour ma première commande, j'ai déjà soixante cartons de six bouteilles qui sont attendus. J'appelle Isabelle Goumard pour lui demander de l'aide. Voyant ma détresse, elle me propose aussitôt de la rejoindre. Pendant une heure, elle m'explique qui contacter, où aller acheter le matériel, et comment m'y prendre très concrètement dans la manière d'emballer, afin que tous les cartons arrivent en bon état à destination.

Une fois enregistrée la méthode à suivre pour mes expéditions, j'ai passé ma journée à écrire en gros, au feutre noir, les adresses de mes clients sur des feuilles autocollantes à poser le lendemain sur chaque carton. Le domaine des Gentillières ne possède pas de bureau, encore moins d'imprimante, et de toute façon au chai, il n'y a pas de réseau internet. Retour au tout manuel, à l'artisanat. Si je produis du vin, c'est précisément pour me rapprocher du concret des choses et du temps. Il faudra trois ans pour que Les Gentillières puissent investir dans un ordinateur et un logiciel de gestion. En attendant, mes factures sont manuscrites et tamponnées avec un tampon de société acheté chez le cordonnier d'Intermarché de Gignac.

Lorsque ma vie de vigneronne me laisse du temps libre, j'écris ici ou là. Un dimanche, j'ai choisi de m'asseoir sous une arcade du cloître de l'abbaye Saint-Sauveur de Gellone, à Saint-Guilhem-le-Désert, un des plus beaux villages de France, à une dizaine de minutes de Gignac. Ici, le téléphone portable est inutile car aucun opérateur n'a investi cette petite vallée historique, bourrée à craquer de touristes en été, absolument désertique en hiver. Je le sais pour y avoir cherché un lieu où dîner ces derniers mois. Je m'y étais cassé les dents. Quasiment aucun restaurant n'ouvre en hiver dans mon secteur. J'aime bien venir sur la place de Saint-Guilhem sous l'arbre pluri-centenaire, devant cette basilique romane sublime, dont le fronton original se trouve d'ailleurs à la National Gallery de New York. J'ai beau avoir des associés, je suis solitaire les soirs et les week-ends. Heureusement, en même temps que le Sud, j'ai découvert l'univers des troubadours grâce à mon ami guitariste classique Cornier. Souvent, il m'invite dans sa tanière de Saint-Privat où il nous fait cuire une côte de bœuf au feu de bois. En échange, je lui apporte une bonne bouteille. On partage notre dîner en écoutant John Dowland, interprété par Sting. De nombreuses fois aussi, pendant les jours de vendanges prolongés jusque très tard le soir, il nous accueille, mon cousin Pierre et moi, avec une saucisse grillée, et des légumes de son jardin préparés par sa mère qui vit en face de chez lui. Mes amis vignerons avaient trop le nez dans le guidon, comme moi, pour que je puisse les déranger. Une vigneronne sans famille et sans maison, c'est étrange, en somme. Je me suis rendu compte que j'avais acquis un outil de travail, quand le vin est une affaire de vie, de couple, de famille, de patrimoine. En fait, tout doit commencer là, et le vin vient ensuite, comme des enfants arrivent logiquement dans une histoire d'amour et de vie en commun. Avec Philippe Cornier, j'ai trouvé au moins un ami artiste aussi solitaire que moi, heureux de trouver une âme à soutenir moralement. Sans lui, comment aurais-je fait ? Il me répondait : « Vous les vignerons, vous faites un métier de fou. » Et il grattait sa guitare tout en m'écoutant. Quand notre vin sera prêt, j'imagine déjà le faire déguster à l'issue de ses concerts, et c'est bien ce que j'ai fait. En attendant, j'écris à l'ombre de Gellone, en écoutant la fontaine couler dans le bassin aux truites du cloître. Il n'est que 10 h 30 ce dimanche de fin mai, mais le soleil tape fort déjà. J'ai le sentiment que le millésime 2015 sera beaucoup plus chaud que le précédent. Je quitte bientôt l'ombre de mon arbre car je vois les touristes commencer à déferler, écartant le silence salvateur de ce lieu profond.

Je me réfugie à Montpeyroux pour écrire dans ma chambre sur la petite table qu'on a installée exprès pour moi. Puis le soir, je continue à remplir mon carnet dans un restaurant d'Aniane, le seul ouvert. Bien que seule à table, je n'ai pas pu m'empêcher de commander une bouteille de vin, au risque de me faire regarder de travers par mes voisins. On me sert un rouge à une température ambiante d'au moins 25 °C. D'autres clients ne semblent pas gênés par ce détail qui m'horripile. Le matin même, j'avais soutiré tout le vin de nos demi-muids vers notre cuve inox thermorégulée afin de le faire descendre de 25 °C à 15 °C. Sinon, il ne passerait pas l'été dans notre chai qui n'a pas de climatisation.

De retour à Paris, c'est notre première cuvée en appellation Languedoc, mise en bouteilles depuis un mois, que je teste avec Nicole et Pierre. C'est la première fois que je le goûte loin de son lieu d'origine et à table. J'attendais cet instant avec une certaine inquiétude. J'ai été surprise par la ligne précise de mon vin, sa définition particulière et nuancée qui me paraissait venir de son terroir. Je ne m'étais donc pas trompée.

J'ai signé avec mon éditeur. Oui, promis, je mettrais en avant ma volonté de créer une entreprise où l'humain occupe une place centrale, jusqu'au choix de mon banquier. Avant d'être vigneronne, je ne savais pas quelles pouvaient être les relations entre une petite entreprise et sa banque. Maintenant, je le sais au plus près de mon intimité. Il est même arrivé que mon banquier, très préoccupé par mon compte, m'envoie des encouragements par texto. Une de ses collègues, en vacances dans le Sud, est également venue visiter le chai et goûter sur place le vin.

Faire goûter mon vin est devenu une priorité. Comment aurais-je des clients si personne ne le connaît et ne peut en parler ? Le samedi 13 juin 2015 est donc un grand jour pour Les Gentillières : c'est leur première présentation publique. J'ai choisi de la faire au cinéma Le Louxor, à Paris, qui appartient à deux des associés du domaine, Carole et Caroline. Productrices de cinéma, à l'origine de la société Haut et Court, elles ont obtenu notamment une Palme d'Or à Cannes pour le film *Entre les murs* de Laurent Cantet. Ces aventurières soutiennent des films engagés, d'auteur. Le nom de l'une de nos cuvées, le Louxor, à dominance de syrah, aux notes épicées, est lié à ce cinéma. C'est au moment où Carole avait dévalé les rangs de notre syrah de Lagamas, qu'avec ses réflexions enthousiastes pour cette vigne en coteau, j'ai eu l'idée. Sur la terrasse à l'égyptienne du bar, j'ai servi nos invités debout derrière une table installée pour l'occasion. Des amis, des professionnels, sommeliers, cavistes ou restaurateurs, et même ma banquière : tous étaient venus découvrir les premières gouttes de mon aventure. Avec inquiétude, je guettais leur visage lorsqu'ils portaient leur verre à la bouche. Pour ôter mon angoisse, ils me faisaient parler : voici un Languedoc issu des trois cépages syrah, grenache et carignan. Sa texture est légère (ce qui m'a valu dans le Sud qu'on dise que je faisais un vin « féminin », ou « à la bourguignonne »), mais structurée et profonde, soutenue par des notes fruitées. Surtout, et c'est ma volonté première, c'est qu'il est sain et se boit tout seul. J'aime bien sa couleur rubis brillant.

D'un romanesque absolu, surtout avec un ciel d'été comme ce soir-là, la terrasse du Louxor a accueilli à la belle étoile tous mes amis bienveillants, à la fois surpris et enthousiasmés par mon histoire. Loan, qui dirige le bar du Louxor, leur préparait de quoi grignoter pour accompagner la dégustation, si bien que la soirée s'est prolongée tard dans la nuit. Elle avait également demandé à la libraire voisine du cinéma de venir avec mon dernier livre, *Savoir boire sans grossir*, pour que je le signe. Donc, ceux qui m'aiment vraiment sont repartis avec de quoi boire et de quoi lire ! Le lendemain, j'ai reçu une série de textos qui m'ont fait chaud au cœur :

— Chère Laure, je bois ton vin, très bon. J'en distribue autour de moi pour le populariser, m'a écrit Pascal B.

— C'est fou comme il vit, a remarqué Michèle F.

— Suis en train de boire cette bouteille sublime avec ma tante suédoise. Je suis fière de toi et réellement impressionnée. Bravo. C'est une merveille. Ce sera désormais mon unique vin, s'est enthousiasmée Sonia K.

— Je te trouve très courageuse et j'admire ton initiative, m'a simplement écrit mon ami Julien F.

— Plaisirs partagés autour d'un vin de très belle tenue. J'ai hâte de goûter les autres cuvées, s'est déjà impatienté Thierry M.

— J'adore ton vin, me confie mon amie Solveig S.

— Il est bon le vin de Laure. Ça ne m'étonne pas. Tout ce que tu produis est de qualité, m'envoie Gérard M.

— Merci Laure pour cette soirée sur les toits de Paris et ce balcon en Égypte. Déguster ton vin sous ce ciel d'été et dans ce décor insolite était merveilleux. Bravo pour cette cuvée et ces moments de vives amitiés, m'a envoyé Héloïse d'O.

— Ton vin est formidable ! Je n'ai pas le vocabulaire approprié, mais il me semble vraiment délicat. Je te remercie et t'embrasse, m'a écrit Olivier N.

À la fin du mois de juin, soit huit mois après mes premières vendanges, j'expédie une deuxième palette de vins. À mes débuts, tout le monde me soutient. Chaque semaine, j'ai ainsi fait partir de notre stock une palette de vins, ce qui est énorme, plus de cinq cents bouteilles. Ensuite, l'effet de nouveauté s'est estompé, et je n'ai pas eu l'énergie, le temps, les moyens de poursuivre cet élan… Pourtant, les vignerons, cavistes, restaurateurs qui ont goûté étaient emballés. Pour être un grand vigneron, il faut aussi être un grand commerçant. Sinon, la machine ne fonctionne pas. On a beau faire un excellent vin, si personne ne le goûte, si on ne raconte pas une histoire originale, l'ensemble déraille. Les vignerons qui ont réussi le savent.

Paris-Languedoc, aller et retour, encore et encore. Un jour où je parviens dans mes vignes, le pépiniériste Lilian Bérillon arrive, lui, de Jonquières dans le Vaucluse. Nous nous étions donné rendez-vous pour faire un audit du matériel végétal de mon vignoble. Pourquoi lui ? Parce qu'avant ses confrères, il a cherché à réinventer son métier avec beaucoup de courage quand les enjeux sont énormes, d'ordre aussi bien environnemental, politique que financier. Ensemble, pendant toute une demi-journée, nous avons fait le tour de mes vignes. Lilian m'a fait comprendre qu'elles étaient l'illustration parfaite de la filière depuis ces cinquante dernières années. Planté dans les années 60, mon carignan se révèle encore magnifique, mais ma syrah de quinze ans, issue d'une mauvaise sélection clonale, dépérit quasiment à vue d'œil. Sa mortalité est si rapide qu'il faudra envisager de l'arracher et de la replanter avec de nouveaux plants plus robustes. Le discours de ce pépiniériste s'est révélé complètement nouveau pour moi. Je n'avais jamais envisagé la différence de qualité d'un plant à l'autre, et pour la première fois, je considérais que la matière première d'un vin n'est pas le raisin, mais le végétal qui le produit. Combien de fois avais-je entendu : pour faire un bon vin, il faut du beau raisin ! Mais qu'est-ce qui donne le fruit ? C'est la qualité du plant. Cela paraît basique, mais cette évidence s'était cachée aux yeux de tous pendant longtemps. C'est à ce moment-là que la graine d'un livre a germé, puisque par la suite, Lilian et moi avons écrit *Le jour où il n'y aura plus de vin* (paru en 2018 chez Grasset). Quand je suis devenue vigneronne, certains de mes lecteurs m'avaient gentiment fait part de leur crainte de ne plus me lire. Bien que je pense que je ne manquerais pas beaucoup à la littérature, leur remarque m'avait touchée. Élaborer du vin a au contraire décuplé mon envie d'écrire : j'ai écrit deux livres pendant les cinq années de ma vie de vigneronne. Il existe un lien étrange entre les deux, sans doute parce que créer un vin, c'est d'abord raconter une histoire. Un vigneron qui n'a rien à dire crée des vins qui ne disent rien.

Avant cette visite de Lilian, j'avais encore eu un contrôle pour la certification en biologie de mon domaine : cette fois, il s'agissait d'éplucher mes cahiers de cave, de conditionnement, ma mise en bouteilles, mes analyses de vin, etc. J'ai tout tenu comme il faut : tout est en ordre. C'est encore le début de ma nouvelle vie, je fais un gros effort pour être irréprochable.

Aux aurores, un matin de juillet, j'attends, dans mon chai, l'électricien qui doit venir installer une prise de 32 A pour ma prochaine mise en bouteilles. Pour la précédente, j'avais dû louer un groupe électrogène qui avait coûté une fortune. J'ai calculé, ce qui est alors très nouveau pour moi, qu'il valait mieux que je m'équipe au chai une bonne fois pour toutes plutôt que de louer du matériel. J'apprécie chaque instant, y compris ces moments d'attente où je donne des rendez-vous. Je ne m'impatiente pas, je prends le temps de regarder et de sentir ce qui m'entoure. Déjà, alors qu'il est tôt, le paysage est sonore, ce que je n'avais pas remarqué l'été précédent qui avait été plus tempéré. Cette année, à cause de la lumière intense qui accélère le mouvement de leurs ailes, les cigales chantent fort. Jamais je n'avais entendu leur musique aussi assourdissante. Tout le monde le remarque : c'est que la luminosité est exceptionnelle et qu'il fait vraiment chaud. Je me prépare déjà à des vendanges précoces, peut-être fin août. Ces moments sereins consacrés à l'observation ne sont jamais inutiles. Au contraire.

M'éloignant de ma méditation vigneronne, l'électricien est enfin arrivé. Pendant qu'il travaille, je reste debout à la table haute installée à l'entrée du chai, et je fais des chèques en retard, des tas de chèques. Même en prenant garde à tout, produire du vin coûte une fortune. Puis, c'est Jean-Marc, qui souhaite distribuer notre vin dans le département, que j'attends. C'est que, maintenant, il faut vendre ! L'organisation d'un circuit de commercialisation va finir par me prendre jusqu'à 70 % de mon temps de vigneronne. J'avais mésestimé ce poste d'abord amusant, mais si chronophage qu'il a fini par me lasser. C'est alors que j'ai découvert les problèmes infernaux du transport et des livraisons. Un soir, à 20 heures, par exemple, alors que je cuisinais pour mes enfants affamés à Paris, un restaurateur m'avait appelée. J'avais pris le téléphone à l'oreille tout en tournant une cuillère dans mon risotto en cours.

— Ce serait bien de dire à votre transporteur de ne pas me livrer au restaurant en plein service ! entendis-je.

— Heu… ?

— Il a laissé les dix cartons en plein sur le passage.

Et un client en moins ! Alors que je venais de le trouver ! J'étais furieuse de voir tous mes efforts anéantis. Et ce n'est là qu'une des mille anecdotes que j'ai accumulées sur le sujet.

Devenue vigneronne, je dors très peu. J'en profite pour avancer mes divers travaux d'écriture. Il n'est pas rare que je me lève à 4 heures du matin, pleine de préoccupations. Depuis que je ne le suis plus, je dors énormément, comme pour me rattraper. À Paris, j'essaye de passer du temps avec mes enfants, je laisse des bouteilles de Gentillières chez des cavistes, puis je reprends le train. Lorsque j'arrive dans le Sud, je dîne souvent avec Cornier, ici ou là, au gré de l'ouverture des restaurants. Et puis, je mange et bois trop, ce qui crée sans doute mes insomnies en plus des soucis.

L'été, dans l'Hérault, il fait vraiment chaud, ce qui ne cesse de me surprendre. Je laisse alors ma fenêtre ouverte et le vent s'engouffre dans ma chambre. Je trouve que le climat n'est pas serein, presque violent pour moi qui n'en ai pas l'habitude. Le chant des grillons laisse souvent la place à un souffle permanent, puissant, presque angoissant. Je finis par fermer la fenêtre. Pour devenir une vigneronne du Languedoc, il fallait que tout mon corps, tout mon être se familiarise avec cet environnement inconnu. Parfois, je quitte mes draps trempés d'angoisse en me disant que je n'y arriverai jamais.

Néanmoins, je poursuivais ma nouvelle ligne de conduite. Un matin, je me rends ainsi au chai où un représentant du Syndicat du Languedoc m'attend. Il vient prélever un échantillon sur cuve de mon Terrasses du Larzac que j'ai prévu de mettre en bouteilles un mois plus tard. Le vin va être goûté à l'aveugle par un comité de dégustation chargé de donner son agrément au vin. Ce comité a le pouvoir de lui enlever son appellation s'il le juge insuffisant par rapport à l'attente qu'on pourrait s'en faire. Je ne suis pas assez connue pour me passer d'une appellation. Certaines stars du vignoble, dont les vins n'ont parfois pas reçu l'agrément pour d'ailleurs des raisons obscures, peuvent commercialiser leur vin. Même avec la mention « vin de France », qui remplace celle de « vin de table », un domaine réputé depuis longtemps peut écouler facilement sa production. Mais pas moi qui commence tout juste ! J'ai heureusement toujours reçu un avis favorable de la part de cette commission, mais de temps en temps avec des remarques étranges. On m'a signalé que mon vin était trop léger. Pour moi, c'était plutôt un compliment.

Au cœur de l'été, a lieu l'Assemblée Générale des Terrasses du Larzac, avec tous les vignerons qui en produisent, dans la salle des fêtes de Jonquières. Aucun n'est en vacances : il y a tant à contrôler dans les vignes avant les vendanges. À l'entrée de la salle, on me remet un chiffre qui correspond à un nombre de voix lié à la superficie de mon vignoble. Je suis enfin intégrée dans une réunion professionnelle, où je suis vigneronne parmi d'autres vignerons. Dehors ma casquette de journaliste, je suis passée de l'autre côté d'une réalité. Je commence à comprendre ce que cela signifie. Je vois poindre les limites aussi de ma double casquette. Ce n'est pas possible de garder les deux et il faudrait que je choisisse mon camp. Je repousse cette décision. Les structures mentales et les enjeux se révèlent trop différents.

Le lendemain de cette réunion est encore un dimanche sans repos : j'ai rendez-vous sur la place de Saint-Saturnin-de-Lucian pour préparer les Saturnales, la fête vigneronne à laquelle je participe. C'est la première fois que je suis derrière un stand à vendre mon vin. Mais, pendant qu'on installe les tables, les nappes et les tonneaux, voir tout le monde s'égayer me renvoie une fois de plus à ma solitude. Je quitte tout et rentre pleurer dans ma chambre pendant une bonne heure avant de retourner faire bonne figure face au public. La veille, pourtant, j'ai été invitée avec plusieurs vignerons pour une soirée chez Fripouille. Mécanicien-boulanger à La Vacquerie, celui-ci adapte son activité aux saisons du plateau du Larzac, tantôt touristique, tantôt désertique. Je ne suis donc pas en manque de vie sociale, mais je dois commencer à reconnaître qu'un domaine viticole correspond à l'histoire d'une vie, d'une famille, et la mienne n'est pas ici. Je me sens différente de ceux avec lesquels je fais la fête. Je ne viens que pour travailler sur un outil de production que j'ai mis en place de toutes pièces et qui ne fait pas encore sens dans ma vie. Or, pour vraiment devenir totalement vigneronne, il faudrait y ajouter tout un contexte personnel qui s'accorde avec le rythme et les us et coutumes du lieu. Mon domaine me renvoie à moi-même : quelle vie est-ce que je souhaite ? Vais-je finir par quitter Paris en prenant mes enfants sous le bras ? Pendant tous mes va-et-vient entre les vignes et la ville, je me suis posé la question.

La foule se déverse dans les rues de Saint-Saturnin. La fête a du succès et avec elle je découvre le folklore local rappelant l'idée païenne des bacchanales antiques. À 23 heures, je suis rentrée pour me retrouver à nouveau dans ma petite chambre de moniale. Pendant l'après-midi, j'ai servi des coups à boire. Les verres se vidaient à grande vitesse, tendus par des bras au bout duquel aucun visage ne me regardait. Puis, dans la soirée, un concert a commencé et les gens ont picolé de plus belle. Or, je ne suis pas bistrotière ; cette cacophonie m'a dégoûtée. Malgré mon chapeau de paille aux couleurs locales distribué le matin à tous les vignerons, je n'étais pas en phase. Un confrère du cru en a rajouté à mon désarroi lorsqu'il a déclaré péremptoirement que très bientôt Saint-Saturnin serait une appellation d'origine et non plus une dénomination « Languedoc » : « Elle sera même supérieure aux Terrasses du Larzac ! », répétait-il, provocateur. Personnellement, l'idée des Terrasses du Larzac m'a séduite parce que, sans prendre le nom d'aucune commune, l'appellation passe précisément au-delà des querelles de clochers tout en définissant un territoire cohérent. C'est ce qui m'a fait rêver en venant ici : appartenir à une famille avec des individus différents qui vivent assez éloignés les uns des autres pour exprimer des messages justes.

Cette journée a été une telle épreuve pour moi qu'elle m'a terrassée tout le lendemain. J'avais l'impression qu'on m'avait dépouillée de mon temps et de mon énergie. Le lundi aux aurores, je suis pourtant sur le pont à préparer le collage de mon vin en vue de la prochaine mise en bouteilles. Je dois lui introduire du blanc d'œuf afin de permettre aux particules en suspension de se précipiter dans le fond. Pour cette opération, j'ai besoin d'homogénéiser la cuve à l'aide de ma pompe. Mais, de nouveau, elle me lâche. Pourtant, on me l'a vendue comme le *nec plus ultra* des pompes à vin, une pompe à queue-de-cochon, qui respecte soi-disant le vin quand il la traverse. J'étais dégoûtée, à bout. Les Saturnales m'ont sapé le moral. Ce n'est pas que je n'aime pas l'ivresse, au contraire, mais le débordement irrespectueux, les cris, la vulgarité m'avaient écœurée. La seule chose positive reste qu'elles ont été l'occasion pour moi de trouver un appartement que je vais pouvoir louer à partir de la fin du mois d'août. Pour mes deuxièmes vendanges, je serai chez moi, et non plus dans une chambre d'hôte. Alors que je tenais mon stand dans la rue principale du village, tout près de la fontaine, il y avait derrière moi une jolie maison. Je l'ai fait remarquer à ma voisine de table, qui représentait, elle, les vins de la Cave Coopérative.

— Elle te plaît ? Elle est à moi. Je te la fais visiter tout à l'heure. Je suis en train de finir les travaux des appartements. Je peux t'en louer une à partir du mois prochain si tu veux, me dit Bernadette.

L'affaire fut vite conclue. J'ai gardé cet appartement meublé et coquet toute ma vie de vigneronne.

Mon ami troubadour voit que je n'ai pas la pêche. Il me propose de me changer les idées en l'accompagnant à ses concerts du 14 juillet à Conques, à deux heures de route. Il sait que j'aime le Moyen Âge et dans ce village perché de l'Aveyron, je suis servie. Sur le chemin du retour, il s'arrête sur le plateau du Larzac, entre Le Caylar et La Vacquerie, chez un médecin qui vit dans une ferme délabrée, au milieu de nulle part. On ne peut pas le joindre autrement qu'en se rendant chez lui car il refuse le téléphone. Frappé par ma tristesse, Philippe a pensé que cet homme me ferait du bien. Le docteur me reçoit pendant cinq minutes au cours desquelles il me renifle comme s'il était un chien. Autour de moi, il fait d'étranges gestes et me demande de revenir quelques jours plus tard. J'y retourne donc un matin à 8 heures. Depuis Montpeyroux, il faut grimper à 900 mètres d'altitude pour atteindre le plateau désertique du Larzac, dominé par le calcaire et habité désormais plus par des chevaux que des brebis. C'est dans ce causse, au bout d'un chemin de traverse que vit ce chamane. Il est sans doute l'un des derniers hippies à occuper encore ce terrain, célèbre pour ses luttes non violentes entre les paysans et l'armée dans les années 70.

L'air devient de plus en plus frais, de plus en plus pur. Arrivée à La Vacquerie, que je traverse, le seul trajet me soigne. Je comprends pourquoi ce paysage a été inscrit au patrimoine mondial de l'Unesco. Dans cette aube lumineuse, les grillons commencent déjà à chanter. Encore une chaude journée qui s'annonce. J'arrive à destination. Le médecin m'attend et m'ausculte aussitôt, sans politesses inutiles, toujours en reniflant et respirant fort. Son diagnostic tombe :

— Vous avez reçu un mauvais sort il y a onze ans, me dit-il. Et un djinn s'est glissé dans votre troisième vertèbre depuis environ deux ans.

— Ça alors !?

— Soyez rassurée : votre histoire est récupérable ! C'est un djinn de catégorie 3, soit le plus méchant des plus gentils des djinns… Vers 18 heures, ce soir, je le ferai exploser à distance.

J'ai cru me trouver au beau milieu d'un polar de Fred Vargas. D'autant que ce médecin m'a demandé où se trouvaient mes vignes. Quand il a entendu les noms de Saint-Saturnin et d'Arboras, il s'est crispé. Il a aussitôt embrayé sur l'esprit maléfique qui régnait tout près de mes terres, dans le cimetière de Jonquières, l'un des trois plus dangereux de la région selon lui. Quel effroi !

Dans ma vie de vigneronne, le romanesque dépasse la réalité. C'est la vie rurale qui m'emporte, avec ses croyances païennes ancestrales. Le docteur m'a dit qu'il allait agir pour contrer mon mauvais sort : dans six mois, selon lui, j'irais beaucoup mieux, à m'en surprendre moi-même. À la main, sur une fiche cartonnée à petits carreaux, il a rédigé mon code génétique, une suite de signes étranges qui me correspondent. Chacun de ses clients a ainsi une fiche codée. En partant, j'ai réglé la consultation au tarif standard de la Sécurité sociale pour un médecin généraliste, 23 euros.

— Vous habitez un lieu incroyablement énergétique, lui ai-je dit.

— En effet, je vis dans un haut lieu d'énergie. À ce titre, il n'y a pas que les bons esprits qui veulent l'occuper, mais aussi les mauvais. Ici, se déroule donc une guerre des énergies. C'est épuisant, a-t-il déclaré, le visage en sueur.

Cette visite a l'avantage de me mettre de bonne humeur. Je passe les jours suivants dans mes vignes.

Comme l'ensemble du gîte de La Grange était réservé, j'ai dû trouver une autre chambre d'hôte. J'avais hâte de pouvoir emménager dans le petit appartement que j'avais trouvé. En attendant, face à l'afflux de touristes estivaux, je me retrouve chez l'habitant, dans une chambre à la propreté douteuse. J'étais impatiente de rentrer à Paris pour dormir dans mon lit.

Dans les jours qui précèdent mes secondes vendanges, je ne chôme pas. L'un de mes associés Christian me rejoint avec sa femme. Avec de la chaux au petit-lait bio, celle-ci consolide le mur qui s'effrite au-dessus de l'évier du chai. Je lui mets la pression, car j'ai peur des odeurs que ses travaux peuvent dégager. Ce n'est jamais bon pour le vin en fermentation. Mais tout va bien : sa chaux est inodore. Deux de mes autres associés, François et Janick, sont présents également. Ils ont pris une semaine de vacances dans les chambres de Bénédicte, à l'arrière de notre chai. Cette maison d'hôte devient ainsi notre lieu de retrouvailles. Le soir, on dîne tous ensemble. C'est réconfortant.

Dans la journée, je suis bien occupée. Entre autres choses à faire, je vais chez notre nouvel imprimeur (le premier était bourguignon) pour préparer les étiquettes destinées à la prochaine mise en bouteilles. Notre associé Sébastien, qui les a conçues, a pensé à des nouvelles couleurs pour nos deux cuvées : bronze pour le Louxor, bleu pour le Terrasses du Larzac.

Entre-temps, les Caves Legrand, à Paris, passent une commande de 360 bouteilles de notre Languedoc sorti en juin. Je bondis de joie. D'autant que, pour moi, ce lieu représente le temple du vin ! À Montpellier, je n'ai pas le même succès. Un jour, j'ai démarché un caviste qui me dit un peu sèchement, après avoir dégusté mon vin :

— Bon, je vais suivre votre travail, mais aujourd'hui, non.

— Très bien. Je comprends, répondis-je.

— La rencontre ne s'est pas faite aujourd'hui. Mais cela ne veut pas dire qu'elle ne se fera pas un autre jour.

Sur ces mots énigmatiques, je le salue. Il faut dire que le vin n'était pas plus en forme que moi quand je suis arrivée chez lui. J'étais fatiguée d'avoir sillonné les ruelles de Montpellier, mon vin sous le bras. Je m'étais perdue, comme souvent à mes débuts dans cette ville. Le vin était à 39 °C, et moi dégoulinante de sueur.

À la mi-août, je retrouve Paris pour quelques jours. Je passe mon temps à écrire chez moi. Étrangement, la solitude ne me pèse jamais en ville, alors qu'elle me prend à la gorge dans le Languedoc. C'est que la vie rurale s'inscrit davantage sur des liens historiques et familiaux, qu'il n'est pas nécessaire d'avoir en ville. Dans une société où la trame est serrée entre les individus, il n'est pas évident de débarquer seule.

Quelques jours, ici, puis quelques jours, là. Fin août, je suis de nouveau à Gignac avec ma fille. À la rentrée, elle aura trois ans et ira en maternelle à Paris, car ce n'est pas encore cette année que je m'installerai dans le Languedoc. Impossible pour le moment de gagner ma vie en tant que vigneronne. Mais enfin j'emménage dans mon nouvel appartement que je loue près de la fontaine de Saint-Saturnin. Personne ne peut m'appeler, et je ne peux appeler personne. Le portable ne capte pas, m'isolant davantage. Pour le moment, les enfants sont en vacances avec moi. J'aime bien l'idée de les faire participer à ma vie comme un pan de leur éducation. Pour la mise en bouteilles qui précède les vendanges, j'ai donné rendez-vous à une belle équipe de travail : mon oncle venu des Pyrénées, ma tante de Montauban, mon amie Sonia et son fils Paul qui a le même âge que le mien. Avec un temps lumineux, propice à l'activité du jour selon le calendrier lunaire que je suis, nous mettons nos deux dernières cuvées en bouteilles et libérons ainsi les cuves, désormais prêtes à accueillir les raisins de l'année qui vont arriver vite. Pour le jour de la mise, quelques-uns de mes associés sont venus mettre la main à la pâte : Nicole, Pierre, Frédérique. Tout le monde en repart heureux. Sonia a ensuite emmené les garçons en Corse. Quant à moi, je reste avec ma fille.

J'ai encore des préparatifs à faire pour les vendanges. Mais trois employés des Caves Legrand viennent me rendre visite, comme ils le font pour tous les vignerons qu'ils représentent. Après avoir déjeuné chez moi, ils me proposent de les accompagner à la Grange des Pères où ils se rendent ensuite. Le domaine de Laurent Vaillé se situe à Aniane, juste à côté de Gignac. Là, je reçois une belle leçon de marketing de la part de ce vigneron qui nous fait attendre plus de trente minutes devant la grille de son domaine, en plein cagnard. En bermuda fleuri, tout à fait débonnaire, il finit par arriver sans s'excuser mais en engageant immédiatement la conversation sur la dégustation. La sommelière des Caves Legrand ne lui en veut pas, bien au contraire : être là, face à ce vigneron mythique, semble la combler. Moi, j'enrage. Puis, le charme du vigneron opère vite. Dans la fraîcheur de sa cave, qu'il a enterrée, l'une des rares de la région à être sous terre, nous oublions la canicule de la surface. Comme un chat qui a trouvé des souris, Laurent Vaillé joue avec nous, en nous mettant au défi de trouver le cépage qu'il nous fait goûter dans chaque tonneau.

— Ah, celui-ci, c'est le dernier. Si vous le trouvez, je vous offre le tonneau ! clame-t-il. Il y a peu de temps, un sommelier d'un grand restaurant est venu chercher sa commande. Je lui ai fait déguster mes fûts à l'aveugle. À chaque fois qu'il ne trouvait pas, je lui enlevais une caisse de son allocation. À la fin, il avait tout perdu ! Il était même dans le négatif. Je lui ai dit au revoir et donné rendez-vous dans deux ans !

Tandis que le vigneron jubile avec son histoire, mes cavistes rient jaune, d'autant que personne ne trouve le cépage que l'on goûte. Encore une fois, il me fait enrager. Il s'agissait de la counoise, un cépage qu'il avait fait venir de Châteauneuf-du-Pape, sur les conseils de son mentor Eloi Dürrbach du domaine de Trévallon chez lequel il est resté une année pour apprendre son métier.

Quand on est vigneron, les visites s'enchaînent. De nouveau, le pépiniériste Lilian Bérillon vient me voir. En effet, juste avant les vendanges, le diagnostic d'un vignoble est plus clair parce que les plants de vigne s'expriment pleinement, avec leurs feuilles et leurs fruits. C'est un moment crucial pour l'observation. Cette fois, Carole fait le tour des vignes avec nous. On repère les plus beaux pieds, ceux dont on pourra prélever, l'hiver suivant, des sarments qui donneront naissance plus tard à de nouveaux ceps. C'est ce qu'on appelle la sélection massale : on utilise son propre patrimoine végétal pour le renouveler, ainsi que l'ont fait les vignerons pendant des milliers d'années.

Quelques jours plus tard, après avoir écrit mes articles pendant des heures très chaudes, il a enfin plu 100 mm. Je suis heureuse que ma fille soit près de moi, avec sa joie et son élan qu'aucune contrariété ne semble pouvoir rompre. Après la pluie, nous chaussons joyeusement nos bottes et faisons le tour des vignes. Si les raisins sont beaux, ils ne sont pas encore mûrs. Jeanne s'amuse à les goûter et, avec un air sérieux, affirme du haut de ses trois ans qu'ils ne sont pas prêts. À partir de maintenant, chaque jour, nous guettons leur évolution. Elle prend ça très à cœur. Sa rentrée scolaire a lieu le 1er septembre, une date qui s'inscrit dans mon calendrier de vigneronne. Il est tout à fait clair pour moi que quoi qu'il arrive, mes vendanges ne commenceront jamais un jour de rentrée. Elles auront peut-être lieu, vu l'avancée des maturités, vers le 2 ou 3 septembre.

Le lendemain, à nouveau, on repart faire le tour des vignes, réfractomètre en main en ce qui me concerne. Ce petit outil manuel est comme une lunette qui permet de calculer le taux de sucre des raisins, et donc l'alcool potentiel des jus. Il ne faut ramasser ni trop tôt ni trop tard, sous peine d'élaborer un vin trop léger ou trop alcoolisé. Le vent et le soleil du jour ont absorbé l'humidité de la veille.

Juste avant cette balade dans les vignes, Jeanne et moi allons jusqu'à notre stock de vin, où je dois préparer deux palettes à expédier, toujours manuellement. Et puis, je finis en filmant le tout afin de solidifier les cartons entre eux. C'est le début : je n'ai pas trop d'efforts à faire pour vendre mon vin. L'effet nouveauté joue encore en ma faveur.

Certains vignerons ont déjà commencé à vendanger leurs raisins blancs si les sangliers ne les ont pas mangés. L'autre jour, Laurent Vaillé m'a dit avoir perdu une grande partie de sa récolte 2006 tant il y a de sangliers dans la garrigue qui entoure ses vignes. Depuis, le fléau n'a cessé d'empirer. D'ailleurs, je commence à envisager d'apprendre à tirer au fusil !

Afin de nous retrouver avant les vendanges qui nous sépareront quelques semaines, nous allons voir le match de rugby Montpellier-Oyonnax à Montpellier avec quelques vignerons des Terrasses du Larzac et Pic-Saint-Loup. C'est Jules, l'un des fils Goumard, qui garde Jeanne, tandis que je suis au stade à lancer avec mes compères : « Allez Montpellier ! Allez Montpellier ! » Pour tenter de faire plus de bruit que les autres, Olivier Jullien souffle à s'en étouffer dans la trompe (en cuivre, je crois) que son grand-père lui a donnée et qu'il garde précieusement. D'autres hurlent. Est-ce que je deviens enfin une Languedocienne ? Après le match, on dîne en ville tous ensemble. Un havre de paix au milieu de mes soucis. Quand je retrouve Jeanne, elle me dit : « Maman, ne t'inquiète pas, Jules s'est très bien occupé de moi ! » Les enfants ont beaucoup de choses à nous apprendre. Ce sont eux qui se soucient de nous.

Depuis que je suis vigneronne, j'apprends sans cesse, et notamment à compter, ce qui n'a jamais été mon fort. Après m'être rendue aux douanes à Gignac pour prendre mon nouveau cahier de déclaration de récolte mensuelle, j'ai passé ma matinée à compter. Ma banquière m'a alertée : les sorties et les entrées d'argent sur le compte des Gentillières sont loin de s'équilibrer. Je dois être sur tous les fronts, production et commercialisation, et les deux prennent beaucoup de temps. Et Jeanne est là, toujours joyeuse. Sa présence m'aide. Elle observe, joue, colorie, chante, danse, fait des bulles de savon. D'un rien, elle trouve une occupation captivante. Elle est une leçon de vie pour moi. Elle est captivée quand je mèche mes demi-muids vides avec une rondelle de soufre compacte que j'accroche au bout d'un fil de fer. Pourquoi ? Parce que j'embrase une allumette, et que ça sent fort. Je le fais pour les garder sains en attendant qu'ils accueillent le vin de l'année. Aux yeux de Jeanne, le tonneau symbolise mon activité. Mais à me voir toujours occupée, elle veut absolument « avoir un travail ». Alors, dans ses petites mains, elle prend le balai et nettoie le sol du chai pendant ses derniers jours d'été. Quand j'y pense, mes journées de vigneronne correspondent à mes jours de vacances…

La rentrée arrive. Le 1er septembre 2015, j'accompagne mes enfants dans leurs classes respectives, avec le temps grisâtre qui va de soi pour une rentrée parisienne. À peine suis-je sortie de l'école, que la banque Martin Maurel m'appelle : notre découvert augmente. J'ai fait nos premières expéditions, payé le transport, mais n'ai toujours pas reçu les paiements de mes clients. À deux jours des vendanges, me voilà sous pression, à négocier un découvert dans la rue, tout en allant prendre mon train. Je dois finir de préparer le chai pour l'accueil de la récolte. Je pars et je ne sais pas quand je vais revenir à Paris.

Ce matin, les enfants, toujours d'humeur joyeuse, étaient heureux de retrouver leurs copains. À partir de ce soir, ils sont chez leur père. Et moi, je serai paysanne à Saint-Saturnin pour quelques semaines. Nicole nous aidera encore pour les enfants. Mais Pierre, son compagnon, ne sera pas autant présent que l'année précédente, où j'avais bénéficié de la grève d'Air France ! Comme il est chef de cabine, il avait été exceptionnellement disponible.

La nuit précédente, il y a eu un orage énorme dans les Terrasses du Larzac. Régulièrement, mon amie Isabelle m'informe par texto des conditions climatiques. Je ne le lui ai jamais demandé, mais elle l'a toujours fait spontanément, par solidarité vigneronne. À 6 h 45, elle m'envoie un message pour me rassurer : « pas de grêle, et seulement 15 mm de pluie ».

Les deuxièmes vendanges des Gentillières furent très différentes des premières. Mes deux compagnons des premières heures ne peuvent pas revenir. Rupert doit rester à Londres et Christian est pris à Alençon, dans sa librairie désertée par plusieurs employés en congés maladie. Comme d'habitude, je me lève aux aurores pour faire le tour des vignes, qui sont resplendissantes cette année. Je fais de nouveau des prélèvements de baies dans chaque parcelle, sans la joie de Jeanne cette fois, pour remettre les jus à analyser. J'en prélève une centaine grappillée un peu partout afin d'obtenir une maturité moyenne des vignes. Pour la première fois de la saison, je mets un pull, l'automne se fait sentir. Après avoir prélevé les raisins à la vigne, je file au chai les presser et mettre les jus dans des petits flacons à l'aide d'un entonnoir. Puis, je prends la voiture pour Béziers, à trois quarts d'heure de route, où se trouve mon laboratoire d'œnologie. J'aurai les résultats dans quelques heures. En attendant, je me rends à la mairie d'Arboras pour faire signer des papiers de douane. La voiture, toujours la voiture, ce qui est évident pour une majorité de la population ne l'est pas pour moi.

Cette année, Carole viendra m'aider au chai. Jusqu'à présent, elle est restée aux vignes où elle avait pas mal de travail et je ne lui ai encore rien délégué sur la partie « cave ». Mon premier jour de vendange 2015 arrive, le jeudi 3 septembre. J'ai de nouveau fait appel à une agence de prestation de services pour me procurer des vendangeurs. Je n'ai ainsi qu'un seul interlocuteur qui se charge de trouver une équipe que je partage avec d'autres petits vignerons des alentours, tels que moi. Comme je possède trois cépages qui ne mûrissent pas en même temps, il peut se passer plusieurs jours entre deux jours de vendanges sur mon domaine. Entre-temps, il faut occuper les vendangeurs. Ceux-là sont professionnels, rapides, efficaces, formatés au tri des raisins à la vigne. Du coup, ce que je reçois dans mes caisses est parfait. Je peux les verser une par une dans l'égrappoir et les grumes, qui en sortent débarrassées de la rafle, partent directement dans les cuves grâce à mon énorme pompe à vendange. Carole m'épaule à la cave. Avec elle, tout s'enchaîne avec fluidité, sérénité, sans forcément se parler. Nos gestes se suivent simplement, selon une mécanique bien huilée.

Le soir, après ce premier jour de vendange, je me retrouve comme un artiste qui a passé du temps avec du public. Une fois que le spectacle est fini, il se retrouve seul. Isabelle, qui comprend ce que je peux ressentir, m'a invitée à dîner chez eux au Mas Cal Demoura. Nous sommes en lien constant, notamment via des textos de vigneronnes foisonnant de smileys : grappes de raisin, soleil, nuage, avec des commentaires météo, ou « syrah de rêve ». Ce soir-là, on boit un montcalmès 2012 magnifique, d'un des domaines phares des Terrasses du Larzac, tenu par un de nos confrères, Frédéric Pontallier. Un exemple qui nous inspire et que nous essayons tous de suivre.

Trois jours après la vendange, la fermentation de mes cuves n'a pas commencé. Je n'y ai ajouté aucune levure qui aurait pu accélérer et sécuriser le processus. J'attends qu'elle démarre seule. Ces heures qui s'égrènent sont angoissantes. Pendant ce temps, mes jus de raisin sont en train de travailler grâce aux levures naturelles qu'ils contiennent, pour ensuite transformer le sucre en alcool, et l'ensemble en vin. Or, le fait de ne pas intervenir chimiquement est un risque que je ne maîtrise pas, car certaines bactéries pourraient piquer mon jus et l'orienter vers du vinaigre. Entre vin et vinaigre, la frontière est ténue. Mais c'est une prise de risque qui paie quand on sait garder la maîtrise de soi : le vin obtenu a beaucoup plus de personnalité et d'identité.

Autour de moi, tout le monde récolte. Le raisin frais embaume partout. Même quand on est en voiture sur l'autoroute, l'odeur du vin en fermentation se répand dans tout le paysage et me remplit de bonheur. Le temps des vendanges est exceptionnel ; elles n'en sont que plus aisées et magnifiques. Au plus profond de moi, je ressens une joie immense à voir les baies saines de mes vignes. Il ne nous reste plus que notre carignan à vendanger ainsi qu'une parcelle de grenache.

Je suis le rythme du vin, sa densité et sa température que je relève et note, matin et soir, selon une courbe qui se dessine jour après jour sur du papier millimétré, comme un médecin guette l'évolution d'un patient. Difficile pour moi de me consacrer à autre chose. Même quand je ne suis pas dans mon chai, j'y pense sans arrêt. Je suis loin de mes contemporains : appeler quelqu'un ou écrire un mail m'écartent du vin.

Pourtant, ma commercialisation a commencé, et je dois m'en occuper alors que j'aimerais être concentrée sur la production. Un transporteur qui ne livre pas le vin attendu par mon client, et voilà le début d'une angoisse que je dois gérer en plus du reste. Mon vin, qui devait être livré au bar du cinéma Le Louxor à Paris pour une fête, a fini par arriver deux heures avant les invités, grâce à un coursier consciencieux qui a pu accélérer le cheminement de la livraison.

Dans ma vie de vigneronne, ce qui me gêne le plus est de vivre en permanence avec ma voiture. Je vis à la campagne, et on passe des heures à conduire sous n'importe quel prétexte : il me manque toujours quelque chose, des enveloppes, des étiquettes, etc. Et il faut savoir où aller trouver ce qu'il me faut. J'y passe un temps fou. À Paris, j'ai tout sous la main, du pain au poisson, en passant par des produits bio, tous types de cuisine, mais aussi des bouchers, des brocanteurs, des épiceries, des drogueries. Paradoxalement, la ville permet aussi une vie plus écologique.

Mes vendanges 2015, qui avaient si bien commencé, s'achèvent en queue de poisson. Tout allait bien, la récolte était entièrement à l'abri quand en plein milieu du dernier après-midi, c'est l'hystérie dans la vigne : une vipère, puis deux, trois, quatre... Plus aucun vendangeur ne veut mettre les pieds dans cette parcelle de grenache située sous le château d'Arboras, envahie par des herbes folles que je n'ai pas tondues, faute de moyens. J'avais pourtant signé un contrat avec le prestataire de services qui s'engageait à vendanger toute ma superficie, qu'il avait vue, mais rien à faire. D'une minute à l'autre, il est parti avec son équipe en me laissant en plan avec 50 ares de vignes non récoltées. Je vais devoir m'organiser au pied levé. Mais comment ? Tout le monde vendange autour de moi et impossible de trouver rapidement de la main-d'œuvre à la veille d'un week-end. D'une manière ou d'une autre, on finira lundi matin sans eux. En attendant, je suis très contrariée, car ma cuve n'est pas remplie, elle va vivre sa vie, à moitié vide. Il va falloir que je prépare une autre cuve pour accueillir les derniers raisins.

Carole se révèle moralement plus solide que moi. Sa réaction quand je lui rapporte l'abandon de la vigne par les vendangeurs ?

— Ce ne sont pas des vipères, il n'y en a pas. Sans doute des couleuvres. Et si ça se trouve, c'est la même qu'ils ont vues quatre fois !

Elle n'est pas du genre à s'en laisser conter, quand je reste d'une naïveté quasi maladive. Sa force et son équilibre m'aident énormément. En même temps, elle est délicate et généreuse. C'est agréable de travailler en harmonie avec quelqu'un comme elle. À part cette contrariété, nos cuves vont bien, fermentent parfaitement, sans aide. Tout roule ! Les jus sont délicieux.

Le lundi soir suivant, je me retrouve en larmes dans mon petit appartement de Saint-Saturnin. Je pleure ma vie d'avant, et les enfants me manquent. Nous n'avons pas vendangé le matin, comme je l'avais prévu. La parcelle abandonnée par les vendangeurs est toujours pleine de ses raisins dont le sucre ne cesse d'augmenter d'heure en heure tant il fait chaud. Comme je n'ai pas trouvé de main-d'œuvre disponible, j'ai demandé à Frédéric, qui s'occupe des travaux mécaniques de mes vignes pendant l'année, s'il pouvait finir de vendanger chez moi avec sa machine. Ce n'est pas de gaieté de cœur que j'ai pris cette décision mais je n'en avais pas d'autre. Récolter était devenu urgent si je ne voulais pas me retrouver avec des raisins sucrés au point d'avoir des jus à 17° d'alcool. Ce matin, alors que Frédéric s'apprêtait à partir dans notre vigne, sa machine n'a pas démarré. Si la réparation peut se faire dans la journée, on pourra récolter le lendemain. Je vois mes raisins se perdre. Vais-je pouvoir rattraper cette situation qui peut plomber le domaine pour longtemps, voire définitivement ? Ce soir-là, mon choix d'être languedocienne est difficile à assumer. Par la fenêtre, je vois la fontaine du village couler, j'écoute le clocher régulier de l'église, mes compagnons les plus fidèles.

En un mois de vendange et de vinification, je fais du sport pour l'année. Le rythme physique est soutenu. Mes derniers raisins m'ont donné du fil à retordre mais sont enfin arrivés jusqu'à mon chai, en piteux état. Récoltés à la main, mes raisins étaient si beaux ! Récoltés à la machine, ils m'ont fait mal au ventre rien qu'à les voir. Ce n'était pas tant le fait de la récolte mécanique que de la machine elle-même. Celle de Frédéric est vieille et tout y passe. Mes raisins sont écrabouillés. Dans une benne cabossée, il m'a remis une purée. Devant la porte du chai, la benne était là, en attente. Comment allais-je transférer ces trois tonnes dans ma cuve ? Le tableau était des plus déprimants. Je venais de voir un rat énorme dans ma cave. Des souris, j'en avais déjà vu. Un jour, avant de fermer mon chai, j'avais senti une odeur qui m'avait tellement dérangée que je ne pouvais partir tant que je n'avais pas identifié son origine. En devenant vigneronne, j'étais devenue un véritable chien renifleur. Ce sens primitif s'est développé plus encore qu'il ne l'était chez moi. J'ai fini par trouver au fond d'une petite cuve en inox de 5 hectolitres vide deux petites souris sèches. J'ai renversé la cuve, fait tomber les souris, les ai emportées au bout d'une pelle jusqu'au fossé. J'ai alors pu fermer la porte de mon chai en toute quiétude. Mais le rat, ça, c'est atroce, c'est gros, horrible, arrogant. Dans son énorme corps, ses petits yeux me fixaient. Carole m'a vue sidérée, interdite par ce nez-à-nez, j'en ai encore des frissons. Elle a attrapé une pelle.

Cette sale besogne derrière nous, car hélas c'en était une, il restait à transbahuter ces raisins. Carole et moi nous sommes regardées. Muettes, nous avons attrapé des seaux. Nous n'étions plus que toutes les deux et courageusement on s'est organisées. Ce fut long, mais on a fini par en rire. Nous avons installé deux échelles au bord de la benne, l'une à l'intérieur, l'autre à l'extérieur, et patiemment de seau en seau, à nous deux, nous avons transporté les trois tonnes de raisins dans la cuve à l'intérieur du chai. Je sais, c'est dingue, mais le métier de vigneron nous confronte quotidiennement à des absurdités. Ce millésime a été ma plaie.

Puis, Carole et moi avons soutiré, décuvé, toutes les deux, geste après geste, tranquillement. Il suffit parfois de bien se positionner, et le métier n'est pas de force, mais de technique, de constance et de motivation. Physiquement, on se donne toutes les deux, mais on prend le temps d'accomplir chaque mouvement pour ne pas se faire mal. La phrase de Jean-Pierre Coffe me revient : « Laure, il faut vraiment que je t'aime pour investir dans Les Gentillières. D'abord, je ne bois que du blanc alors que tu ne produis que du rouge, et ensuite je suis convaincu que le métier de vigneron n'est pas fait pour les femmes. » Quand je m'épuise ainsi, je ne suis pas loin d'abonder dans son sens, même si intellectuellement tout m'en empêche. Je n'ai pas la force d'une Dominique Hauvette, capable de porter seule ses fûts sur deux rangées en hauteur. Grande sportive, skieuse, éleveuse de chevaux, cette vigneronne des coteaux d'Aix force mon admiration.

Les médias étalent des images de vigneronnes de page en page dans les suppléments « vin », parce qu'elles bousculent cet univers resté quasiment exclusivement masculin jusque dans les années 70. Bien qu'elles soient de plus en plus nombreuses dans la profession, les femmes trouvent nécessaire de se rassembler en associations (aujourd'hui, elles représentent un tiers des dirigeants de domaines, mais cela ne signifie pas que ce soient elles qui élaborent le vin) : les Aliénor d'Aquitaine, les Femmes Vignes Rhône, Women Do Wine, les Vinifilles, Femmes et Vins de Bourgogne, et j'en passe. J'attribue le pompon aux « Quilles du Sud » où j'entends « les quiches du Sud »... En tant que femme vigneronne et journaliste, on m'a souvent demandé d'adhérer à l'un ou l'autre de ces groupes. Jamais je n'ai accepté. Non que je ne sois pas solidaire des femmes, au contraire, mais je ne comprends pas comment en se rassemblant dans un ghetto, on peut transmettre un message positif. À ce sujet, les propos de Marguerite Yourcenar m'apparaissent d'une intelligence brillante : « Je n'aime pas les étiquettes et "femme" en un sens est une étiquette. Je n'aime pas tout ce qui sépare et réduit les êtres à certaines attitudes. Je voudrais qu'une femme ait la liberté d'être aussi femme ou aussi peu femme qu'elle le veut. » L'un des plus beaux exemples de femmes vigneronnes reste pour moi Marie-Thérèse Chappaz, à Fully, en Suisse. Elle a toujours su être plus près de ses vignes que des nécessités du paraître. Pourtant, c'est son visage dessiné qui apparaît sur ses étiquettes ultra-féminines et avant-gardistes en la matière. Mais elle en a fait un atout positif, non un combat. Ses vignes en terrasses étroites sont parmi les plus belles que j'aie jamais vues, alors qu'elles sont sans doute les plus difficiles à cultiver. Elles sont traversées d'un funiculaire qui sert à transporter la vendange et le matériel pour les travailler, tant le dénivelé est important. Ce qui compte pour Marie-Thérèse, ce n'est pas de revendiquer d'être une femme, c'est le bien-être de sa vigne, et le vin qu'elle élabore. Sur ce terrain-là uniquement, sur ce sujet passionnant, les femmes ont leur mot à dire. C'est par leur professionnalisme qu'elles s'imposeront pour changer le regard des hommes sur elle.

Il est vrai que dans mon domaine viticole, je n'ai pas réussi à travailler avec un homme. Loin de l'échange, l'ego masculin est souvent si fort qu'il a besoin de s'approprier les idées ou les actions, limitant une réflexion commune qui pourrait transformer le chemin. Mais ce n'est pas propre au monde du vin.

Pour ne pas perdre de temps et d'énergie inutilement, je travaille avec Carole avec laquelle on n'a pas besoin de justifier quoi que ce soit. Loin des considérations philosophiques, on est dans l'action, toujours avec notre benne à vendange. Elle remplit à la pelle mon seau que je monte à l'échelle, puis je redescends chercher le seau suivant, etc., jusqu'à lassitude et on change de rôle. On y a passé cinq heures, sans discontinuer, selon une mécanique implacable. Et puis, le lendemain, toutes les deux, soutirage et décuvage. Carole et moi déplaçons des montagnes ; nous avons de l'énergie à revendre. La fleur au fusil, Pierre arrive pour nous aider, mais le plus gros est fait. Comme je meurs de faim, on peut manger des saucisses grillées au feu de cheminée chez notre ami le troubadour. Pierre est toujours présent pour faire la fête. Cela fait partie de son talent !

Le dimanche, alors que tous mes amis sont en famille, je trouve souvent du réconfort dans mon chai. Je dois d'ailleurs m'occuper de la cuve qui a accueilli la fameuse vendange à la machine. Elle a besoin d'être pigée, car elle est aussi bloquée que moi. Le chapeau formé par les matières sèches contenues dans le raisin, peaux et pépins, s'est beaucoup durci en surface. Avec un pigeou, une sorte de grand balai en inox, je dois enfoncer ce chapeau dans la partie liquide, le jus, sur lequel il flotte, afin de donner du tanin et de la structure au futur vin. On appelle cela piger une cuve. Hé bien, ce dimanche d'après vendanges, tout en suant à force de lutter contre cette croûte de peaux, j'ai eu l'impression que je luttais contre moi-même, pour arrondir les angles de ma colère. Debout, sur le haut de ma cuve à plus de deux mètres du sol, je voyais le monde d'un autre angle. Bénédicte m'avait vue arriver l'air renfrogné. Pour me calmer sans doute, elle est entrée dans le chai m'apporter des confitures qu'elle venait de préparer. Ma solitude piquait sa compassion, d'autant que ce lieu avait déjà vu un drame qui avait changé sa vie. En craignait-elle un second en me voyant ainsi ? Elle avait été heureuse que je fasse revivre ce chai resté à l'abandon depuis la mort de son mari. De mon côté, alors que ma sueur se mêle au jus de mes cuves, mes enfants me manquent plus que tout.

Début octobre, je les retrouve enfin. Je ne peux rester que quatre jours à Paris, car mes vins me réclament encore plus qu'eux à cette période. En réalité, les enfants sont en grande forme et se passent plus facilement de moi que moi d'eux ! Entre-temps, on a décuvé deux cuves avec Carole parce que le vin est prêt : les fermentations sont terminées, et les sucres ont été totalement transformés en alcool. Pierre et Willy sont venus en renfort. Willy est un ami d'enfance qui vit au Québec depuis près de vingt ans, mais mon aventure viticole le fait tellement rêver qu'il est venu passer quelques jours avec moi. Il est un peu comme un frère, un fidèle parmi les fidèles. Depuis trente ans, il est toujours le premier à me souhaiter mon anniversaire où qu'il soit dans le monde. Pour décuver, on fait écouler dans un premier temps tout le vin d'une cuve vers une autre vide, que nous avons préparée et nettoyée, jusqu'à ce qu'il reste toutes les matières solides, pépins et peaux agglutinés. Alors, on peut ouvrir la petite porte du bas de la cuve sans craindre que du jus ne s'échappe, et, à la pelle, on sort tout ce marc lourd et fort en alcool. Enivrante, la lie est aussi d'un violet profond très colorant, qui imprime à tout jamais les vêtements que l'on porte. À coup de pelletées, Carole met au fur et à mesure le contenu dans une caisse que je porte jusqu'au pressoir. À chaque fois au moins 30 kilos. Le pressoir rempli, on le fait tourner. On attend en dévorant notre casse-croûte, tout en actionnant régulièrement la pompe afin que le jus de presse ne déborde pas du conquet placé sous le pressoir. Telle est notre mécanique.

Le jour où nous sommes avec Pierre et Willy, c'est jour de marché à Gignac. Pierre s'y rend pour acheter un poulet rôti, de la tomme de brebis du Larzac, du pain et des fruits. On a arrosé notre pique-nique de quelques bouteilles de vins que j'ai toujours sous le coude. Pour nos pauses, ce qui étonne souvent mes invités, je ne prends jamais du vin des Gentillières que je destine uniquement à la vente pour combler notre compte en banque, mais celui d'autres producteurs, que je ne me lasse jamais de goûter. Nos esprits se détendent aussi. D'autant que ma pompe a encore fait des siennes : je n'en peux plus. Au moment de l'écoulage du vin, une odeur épouvantable de brûlé provenant de la pompe s'est répandue dans le chai.

Elle était en train d'imprégner le vin en cours de transfert. J'en avais des sueurs froides. C'était atroce. Le vin était délicieux et il était en train d'être gâché. On a tout arrêté, achevé le travail à la main encore une fois.

Donc, alors qu'on s'est sortis du décuvage, que le pressoir pneumatique dernier cri (25 000 euros tout de même !) tourne, on se laisse aller. En bon représentant de la culture outre-Atlantique New Age, alors même qu'il est ingénieur en astrophysique nucléaire, Willy nous parle des extraterrestres. Carole en reste bouche bée, et me regarde avec des yeux ronds. Quant à Pierre, il se demande ce que Willy a fumé. Mais le pressoir sonne, et il est temps qu'on reprenne le boulot. Allez, au seau et à la pelle pour le vider !

Lorsque tout le monde part retrouver ses pénates, mes vins sont prêts pour leur hibernage. Après cette effervescence autour de la récolte et de sa transformation, je me sens étrange. Cette période que je viens de vivre appartient à un temps hors du commun, à un cycle spécial de la vie, comme une gestation ou une autre forme de moment en lien avec l'éternité. C'est ce lien précisément qui unit les vignerons entre eux. Ce vécu commun est la base de leur fraternité et de leur langage. Pendant cette période tellurique, rien d'autre n'existe que la vie qui naît, et que l'on protège. Je ne réponds pas au téléphone. J'ai des articles à rendre, des livres à écrire, mais je suis vidée. Le wine blues ?

Un jour, en début d'après-midi, alors que le soleil donne sur la chambre du petit appartement que je loue, j'écris sur mon lit. Tandis qu'à l'extérieur l'automne éclate de beauté, moral et physique sont à plat : le vin m'a tout pris. Je n'avais pas imaginé l'engagement qu'il me réclamerait. En cuve, il évolue avec ses données bactériologiques. J'en ai une, toujours la même, qui me donne du souci et m'empêche de dormir. Comment intervenir ? En douceur ? En force ? Pas facile de prendre des décisions, car entre le rêve que j'en avais et les décisions que je dois me résoudre à prendre, c'est la perte d'illusions que je paie cher. En réalité, à cette heure, j'aurais besoin de conseils d'un bon technicien que je n'ai pas trouvé. Mon œnologue ne me comprend pas. Je suis face à des réalités biologiques sans cesse évolutives, comme s'il s'agissait d'un animal malade pour lequel il faut prendre une décision rapide. Chacune engendre des conséquences irréversibles que je ne connais pas, que je ne mesure pas. Je veux que mon vin vibre, alors qu'il m'échappe. À quel point dois-je en prendre le contrôle ? C'est que je rêve encore, et que chaque fois que j'abandonne quelque chose à la technique, j'enlève de la vie et de son énergie à mon vin.

Depuis que je goûte du vin, et pardon de l'avouer, mais j'en ai goûté des dizaines de milliers ces vingt dernières années, et ce n'est pas une figure de style, j'ai toujours senti l'intention de son auteur. D'ailleurs, j'ai tellement été sensibilisée à cela que dans mon quotidien, je suis capable de ressentir l'intention des gens qui me font face. C'est un autre sujet. On ne peut pas passer sa journée à renifler comme un chien sans développer un sens animal. Pour moi, le goût du vin est une lecture claire de la personnalité du vigneron. Aujourd'hui, en tant que vigneronne, je comprends pourquoi et comment cette alchimie entre l'esprit et la matière est possible, du moins j'en décèle le parcours. L'intention se lit au cœur d'une réalisation.

Quand je me réveille à Saint-Saturnin, face à l'église juste à vingt mètres, c'est comme si je me retrouvais devant une éternité abyssale en guise de journée qui commence, une espèce d'énorme espace-temps sans repères. C'est une sensation vertigineuse. Certains soirs, après une journée remplie de maints travaux de vigneronne, je suis de nouveau confrontée à cette angoisse. Pour la combler, je regarde un match de rugby à la télé. Je fais tout pour devenir une fille du Sud, mais en réalité, ça me déprime. Je dois me l'avouer. Mes vinifications ont beau me mettre en joie, ça ne suffit pas. J'attends les vacances de la Toussaint : les enfants sont avec moi pendant trois jours. Isabelle et Vincent nous invitent à regarder la coupe du monde de rugby France/Nouvelle-Zélande. Mon fils découvre avec enthousiasme les All Blacks. C'est un bon début si mes enfants s'intéressent à ma nouvelle culture !

Mais j'ai des menus soucis et notamment mon poignet, qui me fait atrocement souffrir. Pendant les vendanges, mon os est devenu proéminent alors que je versais une à une les caisses de trente kilos de raisins dans mon égrappoir. À la fin d'une journée de vendange, j'ai pu ainsi porter jusqu'à trois tonnes de raisins. Vite qu'on me soigne ! La nuit, la douleur me lance dans le bras, ça me réveille. Heureusement, l'automne est doux et m'apaise. Il y a toujours ce contraste climatique que je ne digère pas entre Paris et le Languedoc. Parfois, j'arrive à Montpellier avec une grosse veste que je dois ôter aussitôt pour ne pas paraître ridicule. C'est idiot, mais je ne m'accoutume pas à la différence entre le nord et le sud de la France. Je deviens totalement schizophrène, je suis en décalage. Un visage différent dans chaque lieu. Combien de temps puis-je vivre ainsi ?

En outre, bientôt, vu que la période de vinification est terminée et que ma location mensuelle n'est plus justifiée pour les comptes de ma société, je dois rendre les clés de l'appartement que je loue. Il faut que je débarrasse mes affaires accumulées depuis le mois d'août. Je dois aussi préparer une expédition de vin, faire des factures, etc. Depuis que je produis du vin, je persévère dans mon apprentissage à compter. Du moins, j'essaie. Dès que j'arrive de Paris dans cette belle lumière d'automne languedocienne, je me précipite dans mon chai pour goûter les vins. Ils sont en bonne voie ! Désormais, je vais les laisser tranquilles. Puis, en novembre, je procéderai à quelques soutirages.

Notre trésorerie est à sec. J'ai dû appeler mes associés pour réapprovisionner le compte courant des Gentillières. Comment font les autres vignerons ? Il y a forcément un décalage entre la production du vin et le retour des ventes. En attendant, il faut payer le coût des vendanges, et tous les frais incompressibles. Je sais que beaucoup ne dorment pas sur leurs deux oreilles. Moi non plus d'ailleurs, depuis quelque temps. Cette production coûte une fortune, que ce soit dans le Languedoc ou ailleurs. Les frais, les taxes, les charges sont les mêmes quelle que soit l'appellation. Faire du vin, qui n'est pas un aliment nécessaire, se révèle vraiment une activité de luxe, même si on s'en tient, comme moi, aux dépenses minimales. Je ne sais pas si un jour je pourrai me verser un salaire. Pour l'instant, il est loin d'en être question. Comme j'y crois, je tiens le coup, je m'entête. Pour me réconforter, je vais voir le bel amandier de notre carignan qui m'offre ses amandes fraîches.

On a deux oliviers aussi mais, eux, ne sont pas très généreux. Ce soir, de nouveau à regarder un match de rugby, la demi-finale Nouvelle-Zélande/Afrique du Sud, magnifique combat très serré. Même seule devant ma télé, alors que je n'en ai pas à Paris, je suis désormais capable de me réjouir d'un match de rugby. Si j'avais pensé ça un jour de moi !

À présent, quand je suis dans mes vignes pour quelques jours, je dors dans ma chambre d'hôte, La Cardabelle, à Montpeyroux. L'appartement de Saint-Saturnin est loué toute la semaine, ce qui était prévu avant que je m'y installe. Après seulement, je déciderai de le reprendre à l'année car c'est trop compliqué de déménager tout le temps. En attendant, depuis plus d'un an, ma voiture est devenue mon « chez-moi » languedocien, avec ma garde-robe, mes affaires de toilette, mon bureau, et même quelques livres.

Pendant ce séjour en chambre d'hôte, à l'heure du déjeuner, n'ayant plus de cuisine, je me retrouve au restaurant où je rencontre par hasard Frédéric Chauffray du domaine de la Réserve d'O, à Arboras. Il est seul aussi. Du coup, on partage notre repas. Le matin, j'avais eu encore des factures à faire et des expéditions. Mais j'ai aussi un livre à finir. Le temps encourage au travail : il pleut, donc aucune tentation de promenade dans les vignes.

Mais bien vite arrivent les orages cévenoles, dont j'ignorais l'existence et l'ampleur, avec leur pluie drue et obscure. Malgré le temps qui se déchaîne, je livre du vin à mes clients sans mouiller mes cartons de vin, puis imperturbablement, j'écris. Je me retrouve dans ma petite chambre tout en bois comme un nid douillet. Je suis inspirée et portée aussi grâce à l'idée d'être invitée dans quelques heures chez mon ami troubadour pour partager un lièvre qu'il a accidentellement tué sur la route. Il a prévu de le faire cuire à l'ancienne, arrosé régulièrement par du jus versé depuis son flambadou, dans sa cheminée. Un moment médiéval.

À la fin du mois d'octobre, je suis heureuse de retrouver mon chez-moi parisien, avec mon confort et mes affaires, ce que je n'ai pas encore réussi à créer dans le Sud. Je prépare mon premier salon des vins, digne de ce nom, en tant que vigneronne : Stars et Découvertes se tient à la Brasserie du Printemps-Haussmann, à Paris. Il s'agit d'un concept proposé par le Comité Interprofessionnel des Vins du Languedoc (CIVL) afin de mettre en lumière de nouveaux domaines, parrainés par des vignerons renommés. Ainsi, je serai la « découverte » du Mas Cal Demoura, représenté par Isabelle Goumard : 4 500 professionnels du vin et 700 journalistes sont attendus. Impressionnant et déterminant pour mon commerce qui débute. Cette autre partie du monde du vin que je n'avais pas du tout anticipée, le commerce, m'attend maintenant. Or, l'acte de vendre, je n'y ai même pas pensé auparavant. Jusqu'alors, on m'a acheté du vin sans que je fasse aucun effort, mais ça ne serait pas suffisant pour la pérennité de mon entreprise.

Je commence cependant à préférer la compagnie de mes vins à celle des hommes. J'adore élever mon vin et constater qu'il est toujours sur le bon chemin. Un jour, je retrouve mes demi-muids sous tension, le vin déborde. Je dois laisser les bondes ouvertes – ces énormes bouchons qui normalement les ferment. De temps en temps, je viens les surveiller, les humer. Carole continue à venir m'aider pour procéder à quelques soutirages pendant cet automne où le temps est exceptionnellement magnifique, 20 °C avec une lumière dorée qui plairait aux peintres. De l'air ! C'est ce que je me suis dit souvent en arrivant à Montpellier. Dans le Larzac, j'ai l'impression de restaurer mes poumons.

Mais à chaque fois que j'y reviens, les problèmes matériels m'assaillent. Ma pompe notamment. Me voilà de nouveau confrontée à un homme du Sud qui me prend pour une demeurée. Heureusement que Carole est là. Un jour, elle assiste à une scène inouïe :

— Pour faire fonctionner votre pompe, mettez le vin en hauteur. Ce sera plus facile de le transvaser, me dit le réparateur avec une assurance stupide.

— Il me semblait qu'une pompe était précisément faite pour aspirer le vin où qu'il soit même s'il est dans une cuve plus bas qu'elle ! commençai-je à m'énerver. Et maintenant, vous allez emporter cette pompe et la réparer !

Carole a cru que j'allais étriper le bonhomme, tellement j'étais rouge de colère. Toujours est-il que je devais lui faire assez peur pour qu'il prenne en vitesse ma pompe dans le coffre de sa voiture en me promettant de faire quelque chose. Sans nous saluer, il est parti en faisant crisser ses pneus.

Dehors, c'est l'été indien qui se prolonge jusqu'en ce mois de novembre. Je reviens du marché de Gignac, plein à craquer comme en été. Ce temps bienfaisant continue de nourrir chacune de mes cellules. Chaque jour passé ici me transforme en femme du Sud. Un soir, j'ai goûté des grives pour la première fois, chassées par un ami d'Olivier Jullien, puis lardées par ses soins. On a bu un vin de Toscane, un Volpaia 2006 et un Pauillac, un Lynch-Bages 1996. Un dîner à la fois sauvage et civilisé.

Puis, je prépare ma paulée à Salente avec une vingtaine de convives. J'essaie d'instaurer ce rituel dans la vie de mon domaine. La paulée est née en 1924 à Meursault, en Bourgogne, village sur lequel j'ai écrit un de mes premiers livres. C'est une fête qui partage la joie d'une fin de vendange et permet de faire goûter le vin de l'année aux gens qu'on aime. Chaque région française a un terme pour évoquer ce banquet, mais le mot paulée l'emporte et se répand au-delà des océans. Une dizaine de mes associés viennent passer le week-end et se mélanger à mes nouveaux amis du Languedoc, dont l'un chante a capella, de tout son cœur, l'hymne local *Se canto* en catalan, nous donnant la chair de poule.

Quelques jours après ces festins, me voilà à Paris qui vient de subir, le 13 novembre, le massacre de 120 personnes. Je suis prise dans cette folie et cette violence de la ville et bien que mon quartier reste en paix, je me demande quel monde attend mes enfants. Ne devrais-je pas les amener vivre à la campagne avec moi, plutôt que de me ruiner ici avec un loyer exorbitant ? On vivrait mieux dans l'Hérault. Paris est un leurre.

Dans la lumière d'automne si rayonnante et douce du haut Languedoc, mon corps s'apaise aussitôt. On n'a pas assez conscience du pouvoir de la qualité de l'air sur notre corps. Après la tension des attentats parisiens, je ressens une grande paix intérieure dans le Sud. À la crainte des rues succède la sérénité de mes vignes. On a soutiré certaines de nos cuves qui semblent bien évoluer. Les commandes de vin vont bon train, mais elles ne comblent hélas pas mes besoins de trésorerie. Je ne déploie pourtant aucun luxe. Je prépare régulièrement des expéditions. Les choses commencent à se mettre en place de la vigne à la commercialisation. Mais il me faut rester concentrée. Heureusement, mon petit appartement devient de plus en plus douillet, car j'y ai apporté des affaires personnelles. Il donne sur la place de la fontaine, auréolée d'une Marianne tout argentée. Je commence à prendre mes habitudes. Je fais mon marché à Gignac : quelques tommes de brebis, du pain bio, du poulet rôti… J'invite des amis à dîner dans mon nouvel antre.

Puis, je m'occupe de mes lies, les fonds de cuve séparés de mon vin, qu'on n'avait toujours pas apportées à la distillerie. Nous les avions laissées dans un tank hors du chai. Puisqu'il s'agit aussi d'alcool, l'État m'en aurait réclamé les taxes : tout est bien comptabilisé dès la déclaration de récolte. Un de mes amis est venu m'aider à contrôler mes chiffres et mes calculs. Compter n'est décidément pas mon fort, mais que ce soit à la cave, avec les hectolitres de vin, la commercialisation ou la banque, j'y suis sans arrêt confrontée pour la première fois de ma vie. Or, mes soucis financiers s'accumulent : la mise en marché de mes vins est trop lente par rapport aux besoins de trésorerie de l'entreprise. C'est si stressant que cela m'empêche de dormir, malgré le soutien d'un petit groupe d'amis.

Pourtant, je ne baisse jamais les bras. Quand les Caves Legrand ont organisé une dégustation professionnelle avec des vignerons du Sud, et qu'ils m'ont conviée à en faire partie, j'ai sauté sur l'occasion : les professionnels ont défilé devant ma table et ont aimé Les Gentillières. Comme j'étais voisine de table du Mas Jullien, une des références en Terrasses du Larzac, un professionnel m'a dit : « C'est osé de vous présenter à côté du Mas Jullien, mais vos vins assurent. »

Dans le vignoble, le temps reste doux. Cet automne est d'une luminosité exceptionnelle. Comme il ne fait pas froid, la sève des plants de vigne n'est pas redescendue, et donc je ne commence pas à tailler. De toute façon, j'ai beaucoup à faire. Par exemple, un aller-retour dans la journée Paris-Avignon afin d'aller déguster une centaine de vins à Inter-Rhône qui m'a demandé d'en sélectionner une vingtaine pour représenter la région lors d'une soirée du salon Millésime Bio.

Pas de répit, ni les soirs ni les week-ends. Début décembre, je ne manque pas non plus le marché de Noël d'Asnières, organisé par Jean-Pierre Coffe. Il s'agit de sa sélection de producteurs de toute la France qui présentent, dans un petit chalet de bois, leurs vins, mais aussi huîtres, pâtés, et autres gourmandises de terroir. C'est Jean-Pierre qui a offert le stand aux Gentillières. Sur la place de l'Hôtel de

Ville, il fait un froid de canard, mais il nous faut vendre ! On écoule 18 cartons en trois jours. Il nous faut construire notre clientèle, présenter les vins, raconter notre histoire. Christian et Nicole sont venus m'aider et me soutenir, tout comme nos associés Michèle et Guy. J'ai décoré le stand. Christian a apporté une petite caisse en fer verte, empruntée à sa librairie, pour y mettre nos sous. Nicole, elle, a apporté un radiateur. Trois jours dans une petite cahute, c'est long, à regarder passer les passants. Mais ils sont bienveillants. Ils discutent longtemps et repartent parfois avec une, deux, trois bouteilles, ou avec un carton de six. Je baisse toujours le prix pour les remercier, ce qui n'est pas de bon augure pour mes affaires.

Malgré ce soutien, je me sens seule. De chalet en chalet, Jean-Pierre, reconnaissable entre tous à ses pantalons de couleur et son chapeau de feutre, fait le tour de ses amis producteurs. Il s'arrête devant la petite cabane des Gentillières et me lance : « Maintenant, il te faut trouver un mec ! » Il m'a toujours soutenue et comprise. Pendant mon divorce, il m'a régulièrement appelée et invitée à passer un moment avec lui afin de me changer les idées en travaillant à des projets communs. Je sais qu'il a raison. Mais mes soucis prennent trop de place dans ma vie. La santé économique de mon entreprise me préoccupe. Je ne cesse de demander à mes amis d'approvisionner le compte courant, ce qui me met dans une position délicate que je supporte mal. Mon ami bourguignon Emmanuel Giboulot, qui vient à Paris pour vendre son vin à la veille des fêtes de Noël, passe me voir sur le marché. Son soutien confraternel ne m'évite pas cette impression de porter « tout ça » à bout de bras.

Les fêtes arrivent et je me retrouve enfin quelques jours avec les enfants. Mais bien peu. Juste après le marché, je suis allée au chai désinfecter nos fûts et y mettre une partie de notre appellation Terrasses du Larzac. Comme je fais attention aux dépenses, des amis vignerons m'ont prêté un pistolet d'entonnage, un outil qui sert peu de fois dans l'année et qui coûte 200 euros environ. J'en suis à cette somme près, d'autant que je viens d'acheter un sécateur de taille pneumatique à 1 600 euros. Tout coûte une fortune pour faire du vin. Celui-ci, cependant, est entré en hibernation. Je le laisse tranquille et reprends ma vie citadine de maman. Trouver un mec ? Avec quel temps ? J'ai du boulot par-dessus la tête et il ne me rapporte rien. Et puis, je ne m'intègre toujours pas familialement dans le vignoble. Cela devient un handicap, car c'est certain, je serai toujours une étrangère.

En cette fin d'année, le temps est au bilan, aux comptes, à la préparation de l'AG de janvier, déjà la troisième depuis la création des Gentillières. Les finances deviennent de plus en plus inquiétantes. Il faut tenir la barre, le choc, les objectifs. Malgré toutes sortes de difficultés, et les affectives ne sont pas les moindres, les associés des Gentillières m'épaulent comme les membres d'une famille.

Troisième millésime

Voici venu le temps de l'introspection. Parfois, je me demande pourquoi le vin est ainsi arrivé dans ma vie alors que rien ne m'y prédestinait. Je pense à un discours de Laurent Fabius, donné au Bristol, à Paris, pour la *Revue du Vin de France,* qui l'avait choisi comme personnalité du vin de l'année. Le ministre des Affaires étrangères avait alors rappelé le lien indéfectible du vin et de la France. Le vin serait-il un drapeau représentatif de la France ? Souvent, j'ai pensé que mon statut d'enfants d'immigrés italiens et pieds-noirs m'avait conduite à faire mienne l'histoire de ce pays et ce qui en fait son identité. C'était pour moi la condition de mon intégration. Fabius a évoqué une phrase de Winston Churchill que j'ai souvent citée depuis, une phrase qu'il avait prononcée au moment d'encourager ses troupes à sauver la France pendant la Seconde Guerre mondiale : « Et surtout, retenez que ce n'est pas que pour la France que nous nous battons, mais aussi pour le Champagne ! » (« Not only

France, but Champagne ! ») D'ailleurs, le ministre des Affaires étrangères ne s'y trompe pas : il a pris sous son aile le secteur de l'œnotourisme afin de faire du vin et des vignerons des ambassadeurs naturels du pays. Peut-être est-ce pour aller jusqu'au bout de l'intégration française de ma famille que j'ai voulu acquérir quelques ceps de vigne ?

Je ressens à quel point je ne véhicule pas en moi l'histoire suffisante, celle d'une ascendance locale séculaire, d'une sécurité de la permanence, qui rassurerait quiconque. Je dois y croire toujours, m'imposer par ma différence. Ces jours à hiberner chez moi, comme mon vin au loin dans son chai, me font du bien. À Paris, il fait beau et froid, et les nouvelles du Sud, que je reçois au quotidien par Carole, Isabelle ou Philippe, m'apprennent qu'il y fait très doux, trop doux. Le froid est nécessaire à l'éradication des insectes et des maladies, et s'il n'arrive pas bientôt, 2016 sera un millésime compliqué au niveau sanitaire.

Je profite de ce temps paisible pour aller déjeuner avec mon ami critique de vin du *Point* Jacques Dupont, et pour lui présenter ma production. Quand je l'ai au téléphone, deux anecdotes me sont revenues. La première : au mois de septembre, j'avais envoyé du vin pour sponsoriser le salon Livre en Vignes au château du Clos de Vougeot, en Bourgogne. C'était une manière de faire découvrir mon vin. L'organisatrice Evelyne Philippe s'était plainte auprès de moi que le Bureau Interprofessionnel des Vins de Bourgogne ne lui donnait pas beaucoup de bouteilles pour sa manifestation. J'étais fière de lui proposer du Languedoc, qu'elle a accepté. Mon vin a donc été bu en plein cœur de la région historique. Quand j'ai appelé Evelyne afin qu'elle m'envoie une photo de cet événement, parce que j'étais restée dans le Sud en pleines vinifications, elle a refusé, car le Clos de Vougeot ne pouvait pas accepter un tel affront : du Languedoc inconnu bu à la source du Bourgogne, c'était impensable et non communicable !

Deuxième anecdote : pendant le marché de Noël d'Asnières, de nombreux hommes se sont arrêtés à mon stand, uniquement pour sonder mes qualités de vigneronne. L'un d'eux m'a demandé de lui montrer mes mains pour en contrôler la véracité : « C'est vous qui faites le vin ? Montrez-moi vos mains ! » Je n'étais heureusement pas manucurée et mes mains de paysanne l'ont rassuré. Mais demande-t-on à un vigneron de montrer ses mains ? Si c'était le cas, je pense que le demandeur se les prendrait en pleine figure.

Cela me fait penser à mes débuts dans le monde du vin, en 1994, quand on m'a demandé si j'avais mes règles avant de m'autoriser à entrer dans une cuverie où les vinifications allaient bon train. Pourtant, contrairement à ce que croit mon fils, je ne suis pas née à l'époque de l'Antiquité…

En fait, je viens seulement de comprendre ce qui réunit les vignerons et pourquoi l'Église s'est emparée du vignoble après l'Empire romain. C'est qu'il faut avoir la foi pour faire du vin ! On doit être fou, dingue, croire à l'impossible. Tant de paramètres entrent en jeu qu'est nécessitée une concentration démesurée pour tout maîtriser. Je pense de plus en plus que cette maîtrise ne peut s'acquérir que sur plusieurs générations. Entre-temps, la prière s'impose comme une nécessité pour remplir le vide des questions sans réponses.

Au milieu de mes réflexions, un texto d'Olivier Jullien : « Ton brûleur est prêt ». C'est la concision de ce vigneron, rien de trop, rien de moins. Mais alors que je suis en train de faire un point global, de préparer mon rapport moral pour l'AG de ma SARL des Gentillières, je me demande bien ce qu'est mon brûleur. De quoi me parle-t-il ? Quelques secondes plus tard, me voilà à m'imaginer dans ma vigne, à son monde, à ses mots. C'est comme la fois où un vigneron m'a dit qu'il n'était pas disponible car pris en plein embouteillage, alors qu'il vit à la campagne. J'avais mis deux secondes à visualiser sa chaîne de mise en bouteilles et non qu'il était pris dans des bouchons citadins. Pour l'heure, mon brûleur était en effet la brouette à brûler les sarments que j'avais commandée à Bernard qui travaille avec Olivier. Pour la première fois, j'avais en effet l'intention de brûler mes sarments, pour éradiquer les éventuelles maladies du bois, à la bourguignonne, et non de les broyer entre les rangs de vignes, comme cela se pratique dans le Languedoc.

Pendant ce temps, la préparation de l'AG me prend la tête : chaque jour, j'appelle le comptable. Le jour de l'AG arrive et nos associés Caroline et Jean-Pierre ont accueilli la petite troupe des Gentillières, mais comme nous n'étions pas assez nombreux, et qu'il y avait trop de décisions à prendre, la réunion s'est transformée en comité de gestion. L'AG est reportée ! J'ai les nerfs bien accrochés. L'entreprise est en pleine tempête financière, car elle ne cesse d'investir et les rentrées d'argent sont lentes. Surtout les passions se déchaînent. Certains trouvent les vins trop chers, mais finalement, tout se finit en banquet heureux. C'est l'essentiel : lever le coude ensemble !

Après cet épisode qui reste douloureux car je dois tout recommencer auprès de mes associés, je retrouve à Lodève Jean-Marc qui vend nos vins dans la région. Cette fois, je suis venue pour deux jours, le temps d'une expédition, goûter les vins, et faire le point sur les vignes. Je pars à pied de mon nouveau chez moi à Saint-Saturnin, et fais le tour de mes parcelles une à une, entre bourrasques de vent, froid et soleil. Sous un beau climat d'hiver qu'enfin la vigne va aimer, cela me prend un peu moins de deux heures quand mon rythme de marche est soutenu.

Au cours de cet hiver-là, le vin des Gentillières se place peu à peu sur les tables et dans les caves. Il est même présenté comme le vin du mois à La Cagouille, à Paris : je suis fière. Tandis que dans le chai, le vin s'élève tranquillement, Danièle Gérault, notre agent commercial qui connaît comme sa poche le monde de la restauration, prépare le terrain de son avenir. Je fais une tournée avec elle d'une table à l'autre. « Je vous présente ma nouvelle vigneronne », chante-t-elle gaiement quand on pousse la porte d'un de ses clients. Je l'admire car c'est dur de vendre son propre vin, d'autant plus s'il est en appellation Languedoc. On a beau dire que cette région est à la mode, sur le terrain, c'est une autre chanson.

D'un autre côté, on me sollicite pour ouvrir le capital des Gentillières. Des amateurs y voient une aubaine pour apprendre le vin, faire des dégustations, des vendanges avec moi... Mais comment dire que vigneron est un vrai métier ? Qu'il ne se partage pas comme ça. Que le temps du vigneron est aussi un temps où il doit être concentré sur son travail. Que la pédagogie représente une autre activité qui prend du temps que je n'ai pas. Alors qu'ils savent que j'ai besoin de trésorerie, mes amis ne comprennent pas quand je refuse cette possibilité d'accueillir de nouveaux associés. Je sais quelle contrepartie ils souhaitent et je ne peux pas la leur offrir.

Régulièrement, je me retrouve dans mon petit appartement silencieux du Larzac. En hiver, le vent peut souffler fort ou la pluie tomber en trombe. Mieux vaut être riche intérieurement pour vivre seule dans cette région dominée par la garrigue et le minéral, qui nous met face à nous-mêmes. Des amis compatissants m'invitent régulièrement à dîner.

J'en profite pour aller livrer soixante bouteilles de mon Languedoc au restaurant Chez Remise à Saint-Urcize, près de Nasbinals, dans l'Aveyron. Tenue par une famille originaire de Venise, cette auberge, où le dernier-né mange sa soupe sur sa chaise haute à côté du bar, sous l'œil bienveillant du grand-père qui fait la conversation aux clients, m'apparaît tel un refuge. C'est un lieu de rêve pour les pêcheurs à la mouche qui aiment l'authenticité. Aussi suis-je triste quand vient le moment de quitter cet endroit si chaleureux pour me retrouver le soir avec le clocher de Saint-Saturnin comme seul compagnon. Celui-ci a le mérite de me tenir la conversation toute la nuit, en se rappelant à moi à chaque heure.

En février, je mets mon vin au propre, grâce à deux soutirages qui permettent de le clarifier. Puis, je fais de la place dans mon chai afin d'accueillir sept nouveaux demi-muids qui vont arriver. Carole et moi sommes toujours sur la même longueur d'onde. Travailler avec elle relève de l'évidence. Je loue un camion de 20 m^3 à Intermarché pour aller chercher mes fûts qu'on installe ensuite méticuleusement. Dans les vignes, on poursuit la taille. Le temps reste doux, avec le chant des oiseaux qui annonce un printemps précoce. J'ai l'impression que l'on passe de l'automne au printemps sans transition hivernale, ou très courte en tout cas.

À la cave, un événement rare, car je vends très peu au domaine : je reçois une amatrice de vin de Montpellier qui souhaite en acheter. Après avoir lu un article qui fait l'éloge des Gentillières, paru dans *Cuisine et Vins de France,* elle m'a appelée. Je lui ai demandé à quelle heure elle comptait passer. Elle n'en avait aucune idée. J'ai compris qu'elle pensait que j'étais comme un pied de vigne, planté toujours au même endroit et que je l'attendrais *ad vitam æternam* dans mon chai. Or, dans mon chai, il n'y a pas de bureau, c'est un vrai chai, qui ne sert qu'à produire et à élever du vin. Personne ne comprend qu'un vigneron a d'autres choses à faire que de rester à côté de son vin. Il a des papiers à remplir et surtout il passe du temps dans ses vignes qui ne sont pas forcément à deux pas de sa cave. Bref, elle a été ahurie quand je lui ai demandé un rendez-vous précis. D'un côté, les gens adorent les petits artisans. D'un autre, ils n'acceptent pas qu'ils ne soient pas à leur disposition, ce qui est impossible pour un vigneron qui doit déjà avoir plusieurs têtes et plusieurs bras.

Quand je reçois l'exportateur, Bruno Lafon, Murisaltien entre tous, le rendez-vous en revanche est fixé. Il connaît le métier, il est ponctuel. C'est son grand-père, le comte Lafon, créateur de la Paulée de Meursault, qui a inspiré le rituel annuel de mon domaine. Bruno, lui, s'est installé depuis longtemps au domaine de Magellan, à côté de Pézenas, à vingt minutes de mon chai. Parallèlement à son activité vigneronne, il dirige Diva, une société d'export de vins. Que mes vins plaisent à ce palais bourguignon m'enchante.

Enfin rentrée à Paris, je récupère mes deux enfants malades qui ne peuvent même pas aller à l'école. Je me rends compte à quel point ils ont besoin de moi ; ils se régénèrent vite quand je suis là. Parfois, je me demande pourquoi je me suis tellement compliqué la vie avec mon domaine. Il y a quelques jours encore, je me suis fait houspiller par un voisin de vigne, alors que je sortais d'Arboras : l'herbe à chameau, comme il l'appelle, envahit ma vigne de grenache sous le château et le vent en répand les graines jusque dans ses parcelles.

Pas content, le monsieur. Il m'a hélée comme si j'étais une gamine et m'a fait venir pour me parler le moins aimablement du monde. « Je peux vous parler deux minutes en privé ? » a-t-il crié depuis l'autre côté de la rue. C'est lui qui s'occupait de mes vignes avant que je les passe en biologie. Il se demande comment je vais faire, et ne me comprend pas. Difficile de vivre en communauté quand le travail de l'un impacte directement celui de l'autre, surtout quand les méthodes culturales sont très différentes.

Il fait beau ; la taille avance doucement parce que brûler les sarments au fur et à mesure prend du temps. Ce sont des gestes nouveaux pour Carole. Emmanuel Giboulot, de passage à Montpellier pour le salon professionnel Millésime Bio, est venu lui donner quelques conseils et la rassurer sur le sens de ce qu'elle fait.

Début mars, je suis de nouveau dans le Languedoc avec Jeanne qui profite de ses vacances. Dans la pépinière de vignerons, nous sommes trois désormais à vinifier les uns à côté des autres sur la propriété de Bénédicte. Élisabeth Jacquier cultive deux hectares de vignes depuis 2012 (Clos d'Elis), et Olivier Faucon (Mas Combarèla) fera sa première vinification cet automne. Il vient d'acheter douze hectares entre Saint-Jean-de-Fos et Arboras. Une réunion de néo-vignerons, qui doivent gérer pour le moment des allers-retours Paris-Montpellier. Le mari d'Élisabeth travaille à Paris, tandis qu'elle vit à Gignac avec leurs deux enfants. Il vient chaque week-end. La femme d'Olivier travaille à Paris aussi, et c'est lui qui vit désormais à Montpeyroux, où il a trouvé une maison. Et moi : vigneronne et parisienne. Mais le mari d'Élisabeth, Vincent, arrive au bout de cette vie d'itinérant : il a prévu de démissionner et de s'installer dans la région dans quelques mois. On est tous à la poursuite du même rêve. Mais lequel ? Être un autre…

Parmi mes nouvelles habitudes, je vais régulièrement chercher mon courrier chez les Vanluggene, qui ont toujours la boîte aux lettres de notre siège social. Lorsqu'un jour j'arrive devant leur grille, avec Jeanne à mes côtés, Jean-Pierre est en train de bricoler dans son garage. À la retraite, il s'est mis à la sculpture sur marbre avec un certain succès. Comme plusieurs de ses statues jonchent le sol, tout à coup, une idée me traverse l'esprit :

— Depuis que j'ai acheté la parcelle des Intillières, lui dis-je, j'ai envie d'y mettre une croix à l'angle qu'elle fait avec le chemin de Compostelle qui la longe. Cela vous dirait-il de la sculpter ? Comme cette vigne de syrah est aussi à l'origine du nom de mon domaine des Gentillières, que j'ai légèrement modifié, ce serait d'autant plus symbolique.

Jean-Pierre s'immobilise, et tout son visage se met à rayonner :

— Entrez, j'ai quelque chose à vous montrer.

Jeanne et moi pénétrons dans son atelier, alors que l'ancien maire d'Arboras s'empare d'une ardoise. Avec une craie, il trace les pourtours de notre parcelle de syrah qui est à droite de l'entrée du village quand on arrive de Saint-Saturnin. Mais son trait s'étire et dessine une parcelle plus étendue vers l'ouest. Il reprend :

— Voyez : ici, la route départementale n'existe que depuis peu de temps. Avant, la parcelle allait jusque de l'autre côté où se trouve l'abri de bus. Et derrière cet arrêt, qui était le bout de la parcelle autrefois, devinez ce qu'il y a ! Devinez ! Eh bien ? Il y a une croix. Elle est toujours là, mais personne ne la voit car elle est cachée par l'abri. Et c'est pour cela qu'ici, avant, on appelait toujours cette parcelle « le champ de la Croix », et pas les Intillières comme le mentionne le cadastre.

Cette information me laisse sans voix. J'avais senti la nécessité d'une croix dans cette parcelle alors qu'elle y était déjà. Du coup, Jean-Pierre est lui aussi si étonné qu'il propose de la sculpter gratuitement. Or, un miracle n'arrive pas seul. Alors que je retrouvais le vrai nom d'origine des Intillières, Carole retrouve celui des Clauzals, notre parcelle de grenache sous le château. En taillant les ceps sans feuilles, elle avait clairement remarqué des résurgences d'eau apparaître depuis les arbustes de grenadiers qui la longent. Comme j'en fais part à Jean-Pierre, il m'apprend que cette parcelle était autrefois appelée « le champ de la Fontaine ».

Mais tout n'est pas si rose, et en même temps que les bourgeons éclosent, les mauvaises langues se délient. On me rapporte que j'ai écrit un livre avec Olivier Jullien pour me servir de sa notoriété afin de mieux vendre mes vins ! Je ne m'y attendais pas. Les gens ont beaucoup d'imagination. S'ils savaient comme je manque précisément de stratégie et que, si j'en avais, mes affaires se porteraient mieux.

Décidément, ce début d'année se révèle difficile. Le 29 mars 2016, notre ami et associé Jean-Pierre Coffe est tombé dans les bras de son compagnon Christophe. Une crise cardiaque foudroyante. Pendant vingt-quatre heures, mes larmes n'ont pas cessé. Mon chagrin est immense et tout à coup surgit tout ce que Jean-Pierre m'a généreusement apporté. C'était un homme d'une fidélité hors norme avec ses amis. Il nourrissait ses relations amicales de gestes continus, de mots tendres, d'actions concrètes. Je l'avais rencontré grâce à l'écrivain et bibliophile Gérard Oberlé qui avait organisé un dîner à La Cagouille, à Paris, dix ans auparavant.

Jean-Pierre souhaitait me rencontrer car il cherchait une voix féminine qui parle de vin dans son émission gastronomique de France Inter *On ne parle pas la bouche pleine*, une émission toujours instructive et joyeuse en direct le samedi à l'heure du déjeuner. Je me souviens bien de ce dîner car j'étais impressionnée par cette rencontre. Pour la fêter, Jean-Pierre avait commandé un Meursault 1985 de chez Coche-Dury, d'une beauté, d'une précision et d'une intensité incroyables. Et rien que d'y penser, ses notes caractéristiques de noisette reviennent caresser mes papilles. En tout cas, c'était une bonne entrée en matière. Très vite après ce dîner, Jean-Pierre m'avait rappelée pour me faire travailler sur son émission. C'était un homme d'une grande précision professionnelle, pas du genre à parler de quelque chose s'il n'avait pas vu, contrôlé, vérifié. C'est très rare. À ses côtés, j'ai beaucoup appris sur ses méthodes rigoureuses de travail. Si son émission en direct était si dynamique, si dense, c'est aussi parce que nous prenions le temps de bien la préparer. Je rédigeais au moins vingt-cinq pages qu'il avait sous les yeux afin de nourrir ses échanges avec nos invités, au sujet desquels il me faisait une grande confiance : j'essayais de diversifier au maximum les personnalités en présence, y compris pour leurs accents. Je faisais venir des vignerons d'Alsace, du Languedoc, de Provence, que je choisissais aussi bien pour leur talent que pour leur langage coloré.

Jean-Pierre m'a proposé plusieurs fois de collaborer avec lui sur différents projets, parmi lesquels un livre *Savoir recevoir ses amis à petits prix*, paru chez Plon. J'avais sélectionné des vins à moins de cinq euros pour accompagner ses recettes. Nous avons sillonné quelques vignobles ensemble, du Beaujolais, chez Dominique Piron, à Saint-Mont, dans la cave de Plaimont, dans le Sud-Ouest. Alors quand j'ai eu l'idée des Gentillières, il s'est proposé spontanément d'en être. Une fois encore, il n'a pas juste été un actionnaire. Il s'est engagé. C'est grâce à lui que nous avions un site internet. C'est lui qui l'avait financé. Quand on crée un domaine, cette aide est inestimable. Pendant nos réunions, il pouvait être dur, mais c'était par affection pour m'aider à construire solidement mon entreprise. Il en savait quelque chose, lui qui en avait créé plusieurs et qui avait parfois échoué. Il nous rappelait à tous que nous étions de beaux rêveurs mais qu'avant tout Les Gentillières était une société et que nous devions être prudents et vigilants, pour que nos yeux brillants de rêves ne le soient pas bientôt de larmes. Jean-Pierre avait un sens aigu des réalités. Quand nous nous sommes quittés avec le père de mes enfants, il m'avait appelée pour savoir si j'avais besoin de meubles. Il venait de perdre sa mère et en héritait de quelques-uns qui selon lui pouvaient m'être utiles. En effet, après son coup de fil, quelques jours plus tard, il était arrivé en voiture depuis sa campagne en bas de chez moi avec une table de sa mère. Je ne vais pas faire l'énumération de tout ce que je dois à Jean-Pierre. Mais je vais ajouter un détail qui m'avait beaucoup touchée. Le jour où je suis arrivée dans mon nouvel appartement, afin qu'il ne soit pas vide, il m'avait fait envoyer un bouquet de fleurs pour l'égayer. Jean-Pierre était d'une délicatesse incroyable et ce qui me frappait chez lui, c'est que son intention était toujours suivie d'une action. Souvent, je pense à faire plaisir à un ami, et puis le temps passe et je n'ai rien dit, rien envoyé. Or, la vie s'écoule toujours trop vite et si nous avions la force de la jalonner de gestes d'amour et d'amitié, elle serait encore plus belle. Jean-Pierre n'était pas un homme de représentation, c'était un homme qui voulait faire bouger les choses, laisser des traces, avec un profond sens des liens humains. Il m'accompagnera toujours.

Cependant, la succession de Jean-Pierre se révèle être un cauchemar, car son fils adoptif met du temps à accepter son héritage. Or, celui-ci comprend les parts de Jean-Pierre dans les Gentillières, et nos statuts nous bloquent parce que nous avons besoin, pour certaines décisions, de l'unanimité des associés. À ce moment-là, il devient évident que la gestion du nombre important d'associés me prend trop de temps. Cela me fait un poste de plus à assumer au sein de l'entreprise : les ressources humaines. Pourtant, les Gentillières ne sont pas une multinationale !

J'avais envoyé des courriers au notaire de la succession de Jean-Pierre, encore et encore. Puis, ce notaire a changé. Tout m'éloignait du vin et de sa commercialisation.

Sans compter l'essentiel : je dois gagner ma vie pour payer mon loyer et nourrir mes enfants, quand les Gentillières sont bien loin de me rémunérer. Le pire, c'est qu'une gérante, même non salariée, coûte cher à une entreprise, ne serait-ce que pour mes cotisations sociales obligatoires. Tout mon travail pour le domaine relève donc du pur plaisir, d'une activité tout aristocratique. En ai-je les moyens ?

À la fin du mois d'août 2016, les vendanges approchent et la trésorerie des Gentillières est à sec. Comment vais-je les payer ? En attendant de trouver une solution, je me réfugie dans la lecture du dernier livre d'Évelyne Malnic, *Le Vin et le Sacré*, qui me réjouit. Une de ses anecdotes me plaît beaucoup. Elle rappelle qu'après le siège de Saragosse, la tunique de saint Vincent, mort le 22 janvier 304 (mon jour de naissance à quelques années près), a été rapportée en France en 542 par les rois Childebert Ier et Clotaire Ier. Les reliques ont été déposées à la basilique de Saint-Vincent et Sainte-Croix qui devient en 754 l'Église Saint-Germain-des-Prés. J'aime cette idée qu'une relique du saint patron des vignerons soit dans ma paroisse. Mais tous ces faits historiques n'arrangent évidemment pas le compte en banque des Gentillières.

Un dimanche soir, mi-août, j'arrive de Paris dans le Larzac avec Jeanne, après les habituelles sept heures de route. Ma fille est si bavarde que je n'ai même pas à allumer la radio pendant notre voyage qui l'endort très peu. Elle invente des chansons et des histoires. Elle est intarissable et je ne m'ennuie pas. Le lendemain, mes amis vignerons de Monthélie, en Bourgogne, Éric et Dominique de Suremain, nous rejoignent. C'est pour moi un grand bonheur de leur faire visiter les Gentillières, alors que c'est grâce à eux que j'ai découvert le vin, lors de mes premières vendanges quand j'étais étudiante. Le matin, Éric ne peut pas s'empêcher d'aller tondre ma vigne de carignan, à l'entrée du village. Il part en vacances avec sa tondeuse dans le coffre de sa voiture car il a peur de s'ennuyer ! Quand je me lève à 8 heures, il revient déjà de la vigne, transpirant. Il vient de passer trois heures « à brouter » ma vigne… Un vigneron en vacances !

Dans le même temps, j'apprends que mon Terrasses du Larzac 2014, mon premier millésime, est sélectionné dans le *Guide Hachette* à paraître. Cette récompense me rassure : je suis sur la bonne voie. Un soir, nous allons écouter Philippe Cornier à l'abbaye de Grammont, entre Saint-Privat et

Lodève. À l'issue du concert de guitare, je fais goûter mon vin. Du haut de ses quatre ans, Jeanne engage avec assurance la conversation en disant : « C'est ma maman qui l'a fait. » Et sous les étoiles estivales du Larzac, les saveurs des Gentillières se répandent.

Bientôt, ce sera la fin des vacances, celles des enfants en tout cas, et déjà de nouvelles vendanges. Mon ami d'enfance, Olivier Toussaint, un photographe qui vit à Metz, vient me retrouver à ma demande. Avec ses photos, je souhaite alimenter le site internet des Gentillières. Quand il est arrivé, il s'est esclaffé en voyant ma plaque d'immatriculation. J'avoue : j'ai essayé de maquiller mon département « 75 » par un vague autocollant qui devient transparent à force de lavages automatiques. Hum, c'est que les Parisiens n'ont pas bonne presse ici, et il m'est arrivé de me faire suivre par un gars fou qui est allé jusqu'à attendre que je me gare et que je sorte de ma voiture. J'avais eu peur. Il s'était posté les bras en croix devant ma portière.

À 7 heures, le matin, Olivier a aussi découvert mon réveil : l'Angelus qui respecte bien le nombre de coups, et ils sont très nombreux, avec un rythme très particulier, je le confirme. Le schéma est précis et commence par trois séries de trois tintements espacés, suivis d'une pleine volée. C'est ainsi depuis le décret du roi Louis XI en 1472. Il faut s'y accoutumer. De toute façon, pendant les vendanges, on se lève bien avant les *Ave Maria*.

Enfin, c'est en élaborant mon troisième millésime que je me suis sentie pleinement vigneronne. Jusqu'alors, je faisais du vin et c'est ainsi que je partageais mon expérience. Dorénavant, j'entrais dans le métier et en même temps que je me confondais avec cette nouvelle identité, j'avais la sensation étrange qu'à partir de là, seuls les vignerons pourraient vraiment comprendre ce que je vivais. Je me complaisais de plus en plus dans la solitude de mon chai. Quand j'y étais, j'entrais dans une sorte d'état méditatif à enchaîner les gestes comme pour un rituel, et je n'aimais pas qu'on vienne me déranger. C'est la première fois aussi que j'accepte d'avoir les mains sales même en dehors de mon chai, ou plutôt des mains qui paraissent sales, mais qui sont juste noircies aux tanins vifs du jus de raisin. Pendant l'élaboration de mes deux premiers millésimes, j'allais chaque semaine chez l'esthéticienne pour me refaire une beauté des mains et des ongles. Un vernis qui éclatait bien sûr dès le lendemain, lorsque je manipulais un tuyau dans ma cave. Se sentir vigneronne après avoir fait du vin et produit des bouteilles, c'est comme se sentir écrivain après avoir écrit et fait éditer ses livres. Il y a un décalage entre l'action et l'absorption de cette identité. En même temps, on n'est jamais ce que l'on fait, on est toujours autre chose, quelque chose qui nous échappe, ce vers quoi on ne cesse d'aller. On n'est pas *de facto* le statut vers lequel nous porte notre action. La reconnaissance des autres importe, mais la sienne par rapport à soi est sans doute prioritaire. Entre l'action et l'identité qui s'en imprègne, il y a ce sentiment d'implication profonde quasi sans frontière, de transformation moléculaire et mentale, physiologique aussi, qui change tout, aussi bien dans son rapport à soi que dans son rapport aux autres. Parmi les vignerons, j'ai désormais le sentiment d'être considérée comme l'un des leurs. Le fait de devoir vendre son vin engendre la capacité de le porter avec une conviction sans bornes. Lors de ma première année, je n'avais encore rien à vendre. La deuxième année, je venais juste de mettre mon vin en bouteilles. Pour cette troisième vendange, je dois à la fois assurer la vendange, le début de la vinification, les expéditions, les problèmes de transport, mon incapacité à faire les factures en temps et en heure, car je suis au chai toute la journée sans bureau et avec les mains sales, et quand je rentre à Saint-Saturnin, je suis fatiguée et de toute façon sans réseau. Mes paramètres de réflexion étaient d'autant plus démultipliés que je devais envoyer mes papiers au journal, et me préoccuper à distance de mes enfants afin que personne n'oublie d'aller en chercher un à l'école…

Fin septembre, je me retrouve dans mon petit appartement avec mes habitudes de célibataire. Je vais faire régulièrement mes courses chez Marie-Jo, la maraîchère de Saint-André-de-Sangonis. J'y achète ses légumes de saison, soit des pâtissons, et autres cucurbitacées en automne. Tous les vendredis, elle vend du pain bio auquel je me suis familiarisée. À l'heure du dîner, je me sers un verre de vin. Je me dis que si je partageais mon repas, j'ouvrirais une bouteille. Et comme je suis une personne à ne pas négliger non plus, je me prépare un bon plat, qui me permet de faire des essais culinaires. Je fais un effort pour me nourrir de manière équilibrée.

Au bout de trois ans de ma double vie, je commence enfin à m'organiser, entre mes diverses obligations. Comme je suis aussi critique de vin pour mon journal, il m'arrive de devoir déguster des échantillons que je reçois. Parfois, plutôt que de les goûter dans mon coin, je fais participer mon entourage et récolte leurs avis. Un soir, j'apporte quelques flacons que je dois tester à La Terrasse du Mimosa, à Montpeyroux, où Clotaire m'accueille toujours volontiers. En tant que restaurateur, il est curieux de découvrir aussi des nouveautés. On goûte ainsi à plusieurs, avec son chef et des amis vignerons, notamment Gavin Crisfield, qui a créé le domaine de La Traversée, à Saint-Privat. Comme il était alors célibataire, je savais qu'il était facilement disponible. Je fais beaucoup d'efforts pour m'entourer.

Des visites amicales se succèdent. Après le séjour d'Olivier, c'est Willy qui passe me voir. Entre les deux, j'ai la visite de mon cousin Pierre. Heureusement qu'on n'est pas en 1950, sinon il est certain qu'on colporterait dans le village la rumeur selon laquelle j'ai une vie débridée avec tous ces hommes qui séjournent chez moi.

Willy arrive dans la nuit, à 4 heures du matin, après un long voyage. Ne l'attendant plus, je me suis couchée et je l'accueille en chemise de nuit. Depuis Québec, il était si fatigué en atterrissant à l'aéroport de Toulouse que le GPS de sa voiture de location l'a conduit à un autre Saint-Saturnin, en Auvergne, avant de se rendre compte que ce n'était pas le bon. Aujourd'hui, après un remontage de chaque cuve, nous sommes allés à Saintes-Maries-de-la-Mer où il rêvait d'aller. Il est vrai que, seule, je ne fais pas de tourisme dans cette région qui regorge pourtant de richesses.

Si pendant ces vendanges je ne vois pas mes enfants pendant une vingtaine de jours, j'ai toujours la sensation d'être là où je dois être, bien que parfois je n'y trouve pas toujours de sens tant je rencontre de difficultés. Les premiers matins d'octobre, il fait bon encore. J'entends les premiers coups de feu de la chasse ouverte. Les premiers perdreaux de l'année viennent de tomber.

À partir de cet automne-là néanmoins, la joie que me procuraient Les Gentillières au début laisse la place à des tourments de plus en plus pesants. Pourtant, je continue à affronter mes diverses vies. Un samedi de vinification, entre deux remontages, je me rends à Uzès dans une librairie magnifique nichée sous les arcades de cette ville que je ne connais pas encore. La libraire m'a conviée pour donner une conférence et signer le livre que j'avais écrit avec Olivier Jullien. J'ai les mains noires de mes vinifications, mais j'ai trouvé le moyen de me faire faire une manucure pour devenir l'écrivain aux mains propres. Pour ma part, ne pas avoir des mains féminines est difficile à assumer. Je quitte rapidement mon short, mon tee-shirt et mes bottes pour revêtir une robe et des nu-pieds. Plus je deviens vigneronne, plus je dois manifester ma féminité. Pendant la conférence, je me suis trouvée bavarde car j'ai accumulé beaucoup d'émotions et de sensations dans le silence de mon chai. Plus je suis seule, plus j'apparais sociable.

Malgré tout, je me complais dans le silence de mon vin. Un soir de fin de semaine, alors que j'attends que ma pompe soutire mon vin d'une cuve à l'autre – pour une fois qu'elle fait le boulot ! –, un texto me parvient d'un vigneron près de Pézenas, Pierre Quinonero du domaine de la Garance. Je lui réponds que je ne peux pas venir car je suis coincée dans mon chai. Aussitôt, il m'écrit confraternellement : « Pourquoi tu ne me l'as pas dit ? Je t'aurais apporté le dîner ! » Cela me rassure d'avoir autour de moi quelques personnes qui me comprennent. Parfois, quand je dois faire des remontages sur ma haute cuve de 100 hectolitres, qui me fait toujours peur, je demande à Cornier de venir afin de n'être pas seule quand je monte ma haute échelle avec un seau à la main. Beaucoup d'accidents surviennent ainsi dans les chais au moment des vinifications. Philippe débarque tantôt avec son luth, tantôt avec sa guitare, et s'amuse à faire résonner son instrument dans le grand volume de mon chai. Perchée en haut de mon échelle, assise sur le bord de ma cuve, je regarde mon vin jaillir du tuyau dont il remonte grâce à ma pompe. Au son de la guitare, j'asperge tranquillement le chapeau de marc qui s'est formé afin de l'assouplir.

Quatrième millésime

Mes vinifications terminées, je dois affronter la rude réalité administrative et financière de ma société. Il est clair que je ne peux pas la poursuivre avec autant d'associés surtout si je veux les préserver comme amis. Nous avons traversé quelques semaines éprouvantes, parce qu'il a été difficile de leur faire admettre que les statuts de notre SARL bloquent ses investissements : aucun associé ne peut investir plus de 10 000 euros, par exemple. C'est ce que j'avais souhaité pour ne ruiner personne, mais ce dogme n'est pas viable. *A posteriori*, je peux dire que je les ai empêchés de perdre davantage d'argent. À long terme, il ne s'agirait pas de pertes mais d'investissements, car un domaine viticole n'est pas rentable avant d'avoir au moins dix ans, surtout quand il est une pure création. Après bien des tergiversations, deux de mes associés, Gilles Legrand et Frédéric Brillion, ont proposé d'acheter les parts de tout le monde afin que nous ne soyons plus que trois. Ils étaient prêts à investir afin que le domaine se déploie. Nous louions le chai, faisions appel à un prestataire de services et n'avions pas assez de vignes, pour pouvoir être rentables. Qu'à cela ne tienne, nous allions à la recherche d'un bâtiment et de vignes à acheter afin que l'ensemble devienne plus cohérent et viable. En décembre 2016, Épithète Films, leur société, devient ainsi mon unique associé. Les démarches administratives sont laborieuses, et j'en sais gré à leur directrice financière, Laurence Garcia, de les avoir assumées. Une nouvelle ère, pleine d'espoir, s'ouvre enfin pour les Gentillières.

Entre-temps, je reçois des courriers ou des appels de personnes que je ne connais pas pour me dire que la création des Gentillières les fait rêver. C'est ainsi que je rencontre Jean-François Quemin. Alors qu'il vient de dîner chez des amis communs qui lui ont raconté mon aventure, il m'appelle pour me rencontrer. À la veille de ses 40 ans, il éprouve le besoin de changer de vie. Acheter un domaine viticole est une option qu'il envisage. Au Flore, nous prenons un premier café, puis un second, puis un troisième. Régulièrement, pendant quelques semaines, je lui raconte les joies et les épreuves d'une telle aventure. Finalement, au mois de janvier 2017, il vient passer une semaine avec moi sur le domaine. Je persévère en effet dans mon rythme d'une semaine sur deux dans le Sud. Avec ma vieille Saab, je continue à rouler dans une France déserte. Après l'Auvergne et la traversée du viaduc de Millau, le plateau du Larzac m'apparaît toujours comme une grande libération, d'une beauté absolue. Le beau et surtout le silence, qui me sont devenus une seconde peau, me reposent davantage que les transports en commun. Donc, un lundi matin, après avoir déposé mes enfants à l'école, j'attends Jean-François, assise devant le volant de ma voiture. Il met son sac dans le coffre, et je démarre pour un voyage de sept heures de route quasiment ininterrompues. Il est le seul à avoir connu ma navette de décompression entre deux mondes que tout oppose. Nous parvenons à Saint-Saturnin, au beau milieu d'une lumière d'hiver spontanément régénérante. Jean-François désire tailler, mais il n'a pas imaginé que ce geste relève d'un savoir-faire expérimenté. Je lui présente Carole qui vient de commencer la taille de notre syrah Les Intillières à Arboras. Jean-François découvre un paysage enchanteur. Il souhaite y participer. Je lui propose de suivre Carole, elle taillant devant, lui derrière tirant les sarments coupés pour les poser entre les rangs, car cette année, je décide de les broyer et non de les brûler. J'ai constaté que mes sols manquent de matière organique et que mes rendements ne cessent de baisser depuis que j'ai commencé la conversion à la culture biologique. Donc, on ne fera pas fonctionner le brûleur comme l'hiver précédent. Mon nouvel ouvrier est très chic, avec son gros pull en laine flambant neuf, ses gants et son bonnet « trop stylés », comme dirait mon fils. En urbain branché, qui dépareille avec une réalité languedocienne âpre, il parle librement de son mari à Carole, heureuse de rencontrer quelqu'un de si différent. Pendant ce temps, je vais au labo, assume mes démarches commerciales et administratives, et même participe à une émission de radio locale pour raconter l'histoire de mon domaine. À la fin de chaque journée, je retrouve un Jean-François de plus en plus lumineux. Accompagné de cette fille saine et bien campée, cet exercice physique au grand air, dont il ne s'est pas plaint, lui faisait un bien fou. Au fil de la semaine, le regard de Jean-François s'éclaire. Je sens que ce temps, où il pense à autre chose qu'à ses préoccupations, lui diffuse inconsciemment des réponses. Je suis heureuse que Les Gentillières jouent ce rôle que j'avais imaginé dès le début : mettre en lien les hommes de la campagne et ceux des villes. Pour connaître les deux univers, je sais à quel point il existe d'incompréhensions entre eux. Quand ceux des campagnes hurlent au scandale parce qu'on augmente le prix de l'essence, et que ceux des villes répondent qu'ils n'ont qu'à prendre les transports en commun, je suis atterrée. Que les citadins viennent vivre au cœur de la France profonde, viennent attendre un bus au milieu de nulle part. Pour ma part, j'ai essayé tous les moyens de transport pour atteindre mon domaine depuis Paris et inversement. Pour être plus responsable écologiquement, j'ai bien entendu privilégié dans un premier temps les transports en commun. Voilà comment ça se passe. Je suis à Gignac, dans mon chai, j'ai un train à prendre à Montpellier, à 30 km. Je laisse ma voiture sur place pour ne pas la laisser au parking de la gare pendant une semaine. Dans un premier temps, je demande autour de moi si quelqu'un doit aller en ville. OK, personne. Je regarde les horaires des bus qui passent à Gignac, à 2 km de mon chai. Gentiment, Bénédicte, ma propriétaire, me propose de m'y accompagner en voiture. Dans la vie rurale, on s'entraide beaucoup, mais j'avoue que ça me dérange de demander toujours quelque chose aux autres. Quelques jours auparavant, j'avais eu un pneu de ma voiture crevé. C'était un dimanche matin, vers 9 heures. Là, je me rends compte à quel point je suis seule et dépendante de tout le monde. J'ai attendu 10 heures du matin pour me décider à appeler Carole. Entre-temps, un nombre impressionnant de voitures a ralenti juste pour me regarder au bord de la route, sans s'arrêter. Son mari Jérôme vient finalement me secourir, mais je suis gênée car il était parti ramasser des escargots. J'ai interrompu sa chasse attendue depuis des semaines et que la pluie de la veille rendait possible.

Bref, revenons à mon voyage en transport en commun : j'ai de la chance, car Bénédicte m'accompagne jusqu'à l'arrêt de bus. Le bus a un retard de vingt minutes, mais j'ai prévu une grande marge de manœuvre pour prendre mon train. Le bus arrive bondé, et nous dépose à Juvignac au tramway. Avant de monter, je prends un ticket pour la gare. Entre le moment où je suis partie de Gignac et celui où j'arrive à la gare de Montpellier, il s'est déjà écoulé une heure et trente minutes, avec cette angoisse de rater mon train qui commence à me serrer les tripes. Ce soir, je dois aller chercher mes enfants à l'école... Le train a du retard aussi, je n'en peux plus. J'appelle quelqu'un pour y aller à ma place, car il est clair que je n'y serai pas à temps. Au bout de trois ans, j'ai préféré partir de Gignac directement à Paris avec ma propre voiture et traverser la France autrement.

Oui, j'aurais dû changer littéralement de vie, prendre mes enfants sous le bras et m'installer comme vigneronne sur mon domaine qui n'en était hélas pas vraiment un. Et, pour leur proposer quelle vie ? Les Gentillières perdent de l'argent et sont loin de me rémunérer. Avec Gilles et Frédéric, cette question est centrale. Nous savons que l'entreprise ne sera pas viable si on ne lui donne pas une autre dimension. Au printemps 2017, je finis par trouver un ensemble d'immeubles en ruines à vendre à Jonquières, avec un vignoble cohérent, lui aussi à l'abandon tout près de nos vignes. Un de mes voisins des vignes d'Arboras me fait savoir qu'il vend sa parcelle de syrah. On se met d'accord sur le prix et on prend contact avec le notaire pour engager la transaction. Il me faut plus de vignes pour produire plus, car mon entreprise n'est pas rentable. Même en vendant tout ce qu'elle produit, ce n'est pas suffisant. Je visite d'autres parcelles encore, mais celles-ci sont trop près de l'autoroute à mon goût, j'hésite et finis par refuser parce que je ne suis pas allée dans les Terrasses du Larzac pour travailler avec le bruit des voitures.

Parallèlement, mes deux amis souhaitent me soulager et me proposent de chercher un stagiaire qui m'aiderait, notamment pour la partie commerciale. On guette les annonces. Finalement, c'est en Bourgogne que je trouve mon stagiaire bordelais pour mon domaine languedocien ! Alors que pour une fois je rentre à Paris via la Bourgogne, où je dois livrer du vin à un caviste, je m'arrête au Château de Monthelie, chez mes amis Éric et Dominique de Suremain. Dans la perspective de reprendre le domaine, leur fille Gwendoline suit précisément une formation à Bordeaux à Sup Agro en Master de gestion de domaine viticole. Les étudiants recherchent un stage. Elle en a trouvé un en Provence mais un de ses amis n'en a toujours pas trouvé. C'est ainsi que Nicolas Giraudeau vient travailler pendant six mois à temps plein à mes côtés, ou plutôt à mes distances puisque grâce à lui j'évite quelques frais d'allers-retours.

Entre-temps, mon appartement parisien est cambriolé. Cette mésaventure me fait perdre un temps fou dans ma comptabilité. Mon banquier rit de voir arriver des chèques aux sommes démesurées avec une signature fantaisiste. J'avais immédiatement fait opposition sur le chéquier volé. Mais je reçois des appels de commissariats d'un peu partout, y compris de Fort-de-France. Je n'ai jamais eu d'explication sur ce vol qui m'a fortement heurtée, ainsi qu'il a compliqué et ralenti ma comptabilité pour un certain temps. L'enquête policière n'a pas eu assez de matériel ou de motivation pour avancer.

À présent, j'ai l'impression d'être un Don Quichotte qui se bat contre des moulins à vent avec les Gentillières. J'avance, mais dans quelle direction ? Gilles et Frédéric sont motivés pour donner d'autres perspectives. Ils viennent deux fois visiter le domaine de Jonquières à vendre. On prend des photos, on imagine un avenir radieux, ici le magasin du domaine, là une cuverie performante, et même un restaurant. Notre ami bordelais, le consultant Stéphane Derenoncourt, vient visiter avec nous le domaine à l'abandon que nous envisageons d'acheter. Mais nous rêvons : les ruines qui nous font face ne correspondent pas au prix irrationnel demandé. On se dit qu'il faut attendre que les propriétaires reviennent à la raison. Mais cela ne se produit pas et mes espoirs s'amenuisent. J'appelle le notaire qui était en train de travailler sur la transaction de la vigne de mon voisin pour l'annuler. Nous faisons marche arrière. J'appelle mon vendeur un peu déçu, mais il trouve aussitôt un autre acquéreur, tant les vignes sont recherchées dans le secteur. Heureusement, au quotidien, Nicolas est d'une efficacité redoutable. Pendant les vendanges 2017, Carole, Nicolas et moi trouvons rapidement chacun notre place, non sans quelques mises au point car Nicolas vient perturber notre équilibre féminin. Sans doute cela ne lui est-il pas facile de s'intégrer dans notre mécanique huilée, comme il a été difficile pour nous d'intégrer un nouvel élément avec autant de caractère.

Je mets trois jours à constituer notre équipe de vendangeurs, renforcée par des Espagnols qui me demandent d'installer leurs tentes dans ma vigne, ce que je refuse. Ils m'en veulent, mais je n'ai aucune commodité à leur offrir. Malgré eux, ils s'installent au camping, veulent que je le leur paie, et je refuse aussi. Recourir à une main-d'œuvre qui n'est pas locale reste problématique. Quand les vendanges durent trois jours et demi au lieu de cinq, comme je leur ai annoncé, cela suscite de nouvelles discussions. Je les comprends. J'aurais préféré avoir plus de rendement, je suis surprise qu'il y ait si peu de raisins. Mes estimations étaient plus optimistes que la réalité. Entre la sécheresse et la conversion à la biologie, la vigne souffre et me le fait payer. C'est double peine pour moi, humaine et naturelle. Il faut avoir des nerfs bien affûtés quand on est vigneron. Au fond de moi, je commence à me dire que c'en est fini des Gentillières. Comment trouver encore plus de force? Surtout pour affronter les nouveaux obstacles qui ne cessent de se dresser chaque jour devant moi. Et le courrier incompréhensible de la Mutuelle Sociale Agricole, me réclamant un montant exorbitant pour le dernier trimestre, ne fait qu'en ajouter. À force de discussions avec mes amis vignerons, je découvre qu'ils sont souvent mis en grandes difficultés à cause de ces cotisations qui paraissent injustifiées et démesurées par rapport à la taille des entreprises et à leur réalité économique. Personne, ni même mon comptable, ne peut m'expliquer comment elles sont calculées. Certains vignerons sont contraints d'emprunter pour pouvoir les payer. D'autres mettent la clé sous la porte. Pour ma part, je n'en suis pas là, mais elles me ruinent. Et surtout ma force mentale. J'apprends qu'un voisin vigneron de mon chai, que je ne connaissais pas – c'est Bénédicte qui me le dit en larmes –, a décidé de mettre fin à ses jours. Il avait de jeunes enfants. Qu'en serait-il de moi si je n'avais pas d'autres perspectives dans ma vie? Si je n'avais pas des amis fiables et droits pour me soutenir? Personnellement, je me trouve dans une impasse. Les Gentillières ne semblent pas nées sous une bonne étoile. Cette entreprise a l'avantage de me mettre face à moi-même et à mes désirs les plus profonds. Je les ai auscultés sous tous leurs aspects.

Après les vinifications, de retour à Paris, un matin de novembre, je me lève et j'ai le sentiment de ne plus être vigneronne. Gilles et Frédéric m'avaient proposé de laisser cette question en suspens jusqu'à la fin de l'élaboration de ce millésime. À présent, j'ai la réponse. C'était mon quatrième, ce fut mon dernier. Le père de mes enfants m'apprend qu'il va se marier et avoir un bébé. Aussitôt, mon rôle de mère me rappelle à l'ordre : mes enfants vont avoir besoin de moi, plus qu'avant. Fini mon domaine, et le temps égoïste que j'y passe. J'ai un autre devoir à remplir. Un lundi matin, à l'aube, j'appelle le président des Terrasses du Larzac : « Je sais que si quelqu'un cherche des vignes, c'est toi qu'il appellera. Donc, dis que je vends les miennes. » Éric Ajorque, qui a succédé à Marie Chauffray à ce poste, s'est installé comme vigneron au Mas Conscience, à Saint-Jean-de-Fos, la même année que moi, en 2014. Il a pleinement conscience de mes difficultés, pour en vivre certaines. Mais lui est avec sa femme et ses filles sur place, avec un domaine bien plus grand et mieux organisé que le mien. Mon appel ne le surprend pas. Le soir même, vers 21 heures, mon téléphone sonne : c'est Franck Launay, un avocat parisien. Un an plus tard, il est devenu vigneron, vit dans l'Hérault et a vendangé « mes » vignes. La suite de l'histoire, il lui appartient de l'écrire avec son associé Matthieu Dibon.

ÉPILOGUE

Le domaine des Gentillières n'existe plus. Le nom a changé. Il s'appelle Le Chemin aujourd'hui. On peut néanmoins en boire encore le souvenir, avant qu'il ne s'évanouisse à jamais. Se défaire d'une telle entreprise, basée sur le monde du matériel, prend autant de temps que pour la créer. J'avoue être soulagée d'avoir réchappé à cette vie de tourments incessants, qui n'était pas faite pour moi. J'ai adoré faire du vin, mais le commercialiser était au-delà de mes forces. Se faire payer le vin livré est un sport qui appartient aussi au métier protéiforme de vigneron. À la fin de chaque mois, je devais faire le compte des impayés et leur rappeler leurs dettes. Ce ne sont pas les particuliers qui posent problème, mais les professionnels, les cavistes et les restaurateurs. Pas tous heureusement, mais il y en a beaucoup. Un ami vigneron m'a raconté sa méthode. Il se rend chez le restaurateur mauvais payeur à l'heure du déjeuner, au moment où la salle est pleine, et il le menace de crier haut et fort que les clients boivent un vin qui n'a pas été réglé à son fournisseur s'il ne reçoit pas un chèque sur-le-champ. Généralement, ça marche. Une autre fois, mon ami vigneron s'était attablé avec des copains dans un restaurant qui lui devait une certaine somme. Ils ont mangé pour l'équivalent de la somme en question et sont partis sans payer. Une autre fois encore, il est allé jusqu'à casser une vitrine. Bref, je n'ai pas utilisé la méthode forte, et c'est la raison pour laquelle mes associés et moi nous sommes retrouvés à la fin de notre entreprise avec un nombre conséquent d'impayés.

Aujourd'hui, revenue entièrement à ma vie de journaliste spécialisée dans le vin, j'admire plus encore les vignerons qui répètent des centaines de fois le même discours pour vendre une bouteille. « Et l'assemblage ? » demande inlassablement l'amateur. « Grenache, syrah, carignan », répond imperturbablement la vigneronne volatile que je fus. Ceci dit, je trouvais toujours incroyable qu'on m'achète du vin. J'étais si heureuse qu'on l'aime que je l'aurais donné pour remercier.

Finalement, j'aurais produit quatre millésimes, 2014, 2015, 2016 et 2017. Avec mon premier vin, j'ai eu la chance du débutant. Cette année-là, tout s'est fait aux petits oignons. Mais sans doute était-ce mon état d'esprit ? Car, quand j'y repense, j'avais tout de même perdu la récolte de près d'un hectare à cause du suzuky, un drosophile qui avait eu la bonne idée de vendanger quelques jours avant moi... Cette perte représentait 1/5e de mon vignoble, et donc 1/5e de mes revenus ultérieurs. Mais comme le 2014 était bon et apprécié, il m'avait donné de l'assurance pour le millésime suivant. Sans doute un peu trop d'ailleurs. On me disait que mon vin se buvait tout seul et qu'il ne donnait pas mal à la tête. Pour mon deuxième vin, j'ai alors voulu diminuer les doses de soufre, qui étaient pourtant déjà très faibles dans mon premier. J'ai joué avec le feu, et l'ai payé très cher. Il y a eu bien d'autres paramètres contraires qui sont entrés en ligne de compte, mais toujours est-il que mon 2015 s'est remis à fermenter en bouteilles, qu'il était nature de chez nature, et pas vraiment au goût de tout le monde. Après bien des péripéties, je me suis résolue à brader mes milliers de bouteilles de 2015 à un soldeur. Avec le recul, je sais que si j'avais eu à mes côtés un bon technicien, j'aurais pu sauver mon vin, car il existe des méthodes œnologiques que je ne connaissais pas alors. Quand on commence une entreprise, ce genre de mésaventure pèse très lourd. Heureusement, le 2016 fut bien meilleur, mais non sans difficultés et sans pertes également. C'est l'aspect qu'un vigneron vous confie rarement : ce qu'il a perdu pour vous offrir le meilleur. En 2017, en revanche, toutes les conditions étaient enfin réunies pour élaborer un vin impeccable. J'achève donc cette aventure avec un bon goût dans la bouche. Précision et finesse : c'est exactement ce que je recherchais et que j'aurai la joie, je l'espère, de goûter encore dans quelques années, si j'arrive à en garder quelques bouteilles. Et puis, un jour, mes amis, vous aussi peut-être, et moi, nous aurons tout écoulé. Il y aura ce livre pour s'en souvenir. Le vin sera bu, mais les écrits resteront.

Ensuite, cette entreprise m'a permis de me rendre compte que je n'avais pas besoin de changer de vie, car j'aime la mienne. Au lieu de m'occuper de mes vignes, je passe du temps avec mes jeunes enfants que je vois grandir au jour le jour. Je ne cours plus après un rêve : j'apprécie chaque minute de ma vie. Après toute cette aventure, je sais que le bonheur n'est pas hors de moi, dans une projection, mais en moi. Lors des vendanges 2019, mon amie vigneronne Isabelle m'a appelée alors qu'elle vient de les commencer. La récolte est maigre pour la quatrième année consécutive. Elle m'a dit : « Tu es partie au bon moment, car le changement climatique s'accélère et on ne sait pas comment on va s'en sortir. » À quel point je le comprends !

Enfin, en m'affranchissant de mes vignes, j'avais appris une grande leçon de philosophie. Je m'étais libérée du pouvoir diabolique du vin et de la vigne. J'ai saisi plusieurs sens à la phrase latine *in vino veritas* qui signifie bien plus que le fait de libérer la parole du buveur. Certes, le vin interroge l'homme sur sa responsabilité : « Toi qui bois, à quel point es-tu adulte ? Quelles sont tes limites ? » Mais il dit aussi au vigneron : « C'est toi qui m'as fait, et grâce à toi, je suis bon. Donc, tu es fort, beau, important. » Et voilà comment l'ego du vigneron est flatté, gonflé, et peut l'aider à encaisser les mauvais coups du sort. C'est un enchaînement. Ce produit provient de la vigne, une plante pérenne aliénante, et son propriétaire a beau la dompter, l'écimer, la ranger, la liane est la plus forte : elle ensorcelle. Le grand vigneron est un chaman qui dialogue avec elle, la comprend, et trouve l'équilibre entre l'appel de sa vigne et sa propre folie. Avouons-le : il faut être fou pour être vigneron. C'est un lien de toute une vie qui se tisse entre l'homme et la plante. Ils ont la même longévité. Le rythme de l'une devient celui de l'autre qui la façonne, par sa taille, année après année. J'ai vu des vignerons en vouloir à leur vigne qui leur rendait mal le travail effectué. Le pire fut le gel d'avril 2016, en Bourgogne, qui a touché davantage des vignes cultivées en bio que les autres : elles contenaient de l'herbe qui avait attiré l'humidité et privilégié le gel, alors que les vignes désherbées en chimie en avaient été préservées. Le matin, à 6 heures, l'un de mes amis en voyant l'ensemble de sa vigne brûlée par le gel est retourné se coucher de désespoir pendant un mois. On donne tout à sa vigne et on en attend beaucoup en retour. Pour mon premier millésime, c'est ma syrah des Intillières qui m'avait causé le plus de souci. C'est celle que j'avais pourtant le plus soignée et donc qui m'avait coûté le plus cher. Pour finir, elle ne m'a rien donné. J'ai perdu 80 ares, soit un cinquième de ma récolte…

Quand j'ai vendu le domaine, beaucoup ont pensé que je me trouvais en échec, alors qu'il s'agissait pour moi d'une victoire : j'avais su traverser mon rêve et en revenir, sans m'y perdre. Trop de vignerons se consument dans cette aventure qui d'ailleurs n'est pas toujours la leur, mais celle de leurs ancêtres, ce qui crée une aliénation supplémentaire. Ceux qui réussissent sont ceux qui ont pu créer un espace de liberté dans ce cadre serré et exigeant. De belles familles transmettent ainsi, de génération en génération, des patrimoines inestimables ; c'est un constat, un grand vignoble ne prend tout son sens que s'il a au moins traversé un siècle. Le temps de la vigne reste définitivement anachronique.

Après la signature de la vente de mon domaine chez le notaire en août 2018, je ne suis pas allée dans le Languedoc pendant plus d'un an. C'en était fini de ma double vie et de ma schizophrénie. Cependant, quand je reçois une invitation pour la Soulenque, ce repas de fin de vendanges en occitan, afin de fêter les cinq ans de l'appellation Terrasses du Larzac en octobre 2019, j'accours. J'avais été là aux premières heures de cette naissance et cet anniversaire me touche particulièrement. C'est étrange pour moi de retrouver la gare de Montpellier qui m'a été si familière. Nicolas, qui avait vinifié notre 2017 avec moi, vient me chercher en voiture. Ensemble, nous allons voir les vignes que nous avions travaillées. Elles sont encore plus belles qu'avant. Puis, nous nous rendons à mon ancien chai, où les nouveaux vignerons, Franck et Matthieu, nous attendent.

À peine suis-je entrée que Matthieu se frotte les mains de plaisir, l'œil malicieux :

— Tu vas voir, Laure, ce qu'on a fait depuis un an !

Tout est là, mes cuves, mon matériel, tel que je les ai laissés. Franck et Matthieu y ont ajouté un abri thermique pour les fûts, de nouvelles petites cuves, des petites choses çà et là. Leur joie de me faire goûter leurs deux millésimes me va droit au cœur. Dans leur vin, je reconnais l'air de nos vignes, leur démarche, leur réflexion. C'est bon, prometteur. Quel bonheur de voir tout ce que j'ai mis en place se poursuivre avec des hommes visiblement heureux. Leur domaine s'appelle Le Chemin. Ils ont fait ce que je n'ai pas osé accomplir : changer de vie du tout au tout. De Bordeaux, Matthieu, sa femme et ses trois enfants sont venus s'installer près des vignes où ils ont acheté une maison. De Paris, Franck et son épouse ont fait de même. Dans quelques semaines, leur premier enfant viendra au monde. Chacun a quitté son job, l'un avocat, l'autre laborantin, pour vivre pleinement sa nouvelle vie de vigneron. Les Gentillières ne sont plus, vive Le Chemin !

Achevé à Paris, le 12 décembre 2019.

Post Scriptum :

Si mon livre, ou mon vin qu'il relate, était une musique, ce serait *Les Paradis Perdus* de Christine and The Queens, sorti lors de mes premières vendanges, en 2014. Inspirée de la chanson de Christophe qui porte le même titre, cette œuvre montre comment une création originale peut naître d'une transmission, pas forcément filiale, mais spirituelle, cultivée, respectueuse et reconnaissante. En ce sens, le vin est aussi un art.

Ma bibliothèque de vigneronne nomade

Impossible de vivre sans livre: quand j'étais vigneronne, ma bibliothèque d'ouvrages sur le vin est devenue ambulante. Je la transportais dans mes valises, dans mes paniers en osier, dans des sacs en tissu. Ces objets de papier et de formats divers, avec ou sans images, se mêlaient à mes affaires de toilette comme à mes papiers administratifs. Ils s'infiltraient dans ma vie quotidienne. Certains livres traînaient dans ma cave et se gondolaient d'humidité. Et je n'évoque pas les livres de mes enfants: je vous en fais grâce (bien qu'un Capitaine Haddock aurait sa place dans mon panthéon). Sur la plage arrière de ma voiture, dans le coffre, puis dans le petit appartement que j'ai loué, partout des livres, sérieux ou de recettes ou de bandes dessinées. Parfois, j'en laissais dans le train. Je n'ai jamais pu séparer les mots du vin. Voici ceux de ma vie de vigneronne auxquels j'en ajoute quelques-uns apparus depuis:

Tadashi Agi et Shu Okimoto, *Les gouttes de Dieu*, Glénat, tous les volumes de 1 à 44, entre 2008 et 2016
Christophe Beau et Sinthia Gonzalez, *ABCDaire Être vigneron… en liberté*, Tonnerre de l'Est, « Grappillages », 2017
Jean-Baptiste Ancelot, *Wine Explorers, le premier tour du monde du vin*, Omniscience, 2019
Sébastien Barrier, *Savoir enfin qui nous buvons*, Actes Sud, 2016
Olivier Bompas, *Et avec ça, qu'est-ce qu'on boit ?*, Hachette vins, 2015
Claude Bourguignon, *Le sol, la terre et les champs*, Sang de la terre, 1989
Fabrizio Bucella, *Pourquoi boit-on du vin ?*, Dunod, 2019
Pierre Casamayor, *Les vignobles des chemins de Compostelle*, Hachette, 2003
Jérémy Cukierman et Leif Carlsson, *Vignerons essentiels entre tradition et innovation*, La Martinière, 2019
Philippe Delerm, *La première gorgée de bière et autres plaisirs minuscules*, Gallimard, « L'Arpenteur », 1997
André Deyrieux, *Cinquante jours pour comprendre autrement le vin*, Ellipses, 2019
Roger Dion, *Le paysage et la vigne. Essais de géographie historique*, Payot, « Bibliothèque historique », 1990
Jacques Dupont, *Choses bues*, Grasset, 2008
Jim Harrison, *Aventures d'un gourmand vagabond*, Christian Bourgois, « Fictives », 2002
Nicolas Joly, *Le vin, du ciel à la terre*, Sang de la terre, « Gastronomie », 1997
Jean-Paul Kauffmann, *Voyage à Bordeaux*, Équateurs, « Parallèles », 2011
Sébastien Lapaque, *Théorie de la Bulle carrée*, Actes Sud, 2019

Max Léglise, *Vinifications et fermentations*, Courrier du livre, 2003
Max Léglise, *La vigne et le vin entre Ciel et Terre*, Les Éditions du Vin, *in* Le Rouge et le Blanc, 2007
Kermit Lynch, *Mes aventures sur les routes du vin*, Payot, « Voyageurs », 2004
Patrick McGovern, *Naissance de la vigne et du vin*, Libre et Solidaire, 2015
Jay McInerney, *Bacchus et moi*, La Martinière, 2013
Gérard Oberlé, *Itinéraires spiritueux*, Grasset, 2006
Michel Onfray, *Les Formes du temps. Théorie du sauternes*, Le Livre de Poche, 2009
Jean-Robert Pitte, *L'Amour du Vin*, CNRS éditions, 2013
Bernard Pivot, *Dictionnaire amoureux du vin*, Plon, 2006
Bruno Quenioux, *La vie mystérieuse du vin*, Le Cherche Midi, 2019
C.F. Ramuz, *Fête des vignerons*, Du Lérot Éditeur, 2012 (première édition : 1929)
Jean-François Revel, *Un festin en paroles*, Tallandier, « Texto », 2007 (première édition : 1978)
Jacky Rigaux, *Les temps de la vigne. Henri Jayer, vigneron en Bourgogne*, Terres en Vues, 2011
Jacky Rigaux, *Le climat, le vigneron et le gourmet*, Terre en Vues, 2019
Jean-Marc Roulot, *Meursault Les Luchets 1999*, Terre en vues, 2006
Marc-André Selosse, *Les goûts et les couleurs du monde, Une histoire naturelle des tannins, de l'écologie à la santé*, Actes Sud, 2019
Olivier de Serres, *Le théâtre d'agriculture et mesnage des champs*, Actes Sud, 1996 (première édition : 1600)
Rudolf Steiner, *Cours aux agriculteurs*, Novalis, 2003 (réédition)

Remerciements

Mettre ma vie en récit est une mise à nu qui m'a permis de tourner la page de mon aventure vigneronne. Comme ce récit est largement autobiographique, il doit beaucoup à tous ceux qui ont croisé mon chemin. D'abord, il n'existerait pas sans ma fidèle maison d'édition Grasset, et plus particulièrement mon éditeur Christophe Bataille. Avec une confiance sans faille, il m'a soutenue patiemment. Son jeune co-équipier Pierre Marlière, à l'enthousiasme contagieux, a également permis à ce texte d'être moins lourd et plus précis. Je les en remercie vivement.

Mes remerciements vont également à tous mes amis du domaine des Gentillières : nos aventures communes sont à la base de ce récit. Je veux parler de Sébastien Auvinet, Rupert Birch, Frédéric Brillion, Caroline Benjo, Janick et François de Closets, Christophe Dolbeau, notre regretté

Jean-Pierre Coffe, Michèle Fitoussi, Sébastien et Katharina de Ganay, Laurence Garcia, Christian et Sylvie Gautier, Chékéba Hachemi, Pierre et Laura Haski, Pierre et Sandrine Labruyère, Éric Landau, Frédérique et Hugues Dutheillet de Lamothe, Gilles et Virginie Legrand, Nicole et Cyrille Maëstre, Frédéric Malle, Jean-Marc Piaton, Michèle et Olivier Picot, Héloïse d'Ormesson, Jean-Marie Périer, Guy Princ, Badia Reddad, Pierre Robert, Carole Scotta, Caroline et Jean-Pierre Weil.

Je remercie également tous les vignerons qui m'ont accueillie dans les Terrasses du Larzac, notamment Gavin Crisfield, Isabelle et Vincent Goumard, Olivier Jeantet, Olivier Jullien, Géraldine Laval, Julien et Delphine Zernott. Et puis aussi Pierre Quinonero, même s'il n'était pas de mon appellation.

Je suis reconnaissante aussi à ma famille et à mes amis qui m'ont soutenue d'une manière ou d'une autre dans cette aventure : Carole Banes, Michel Bettane, Pascal Bruckner, Philippe Cornier, Benjamin Dagueneau, Stéphane Derenoncourt, Agnès Diot, Monique, Manuel, Anne et Philippe Carcassonne, Bernadette Gazel, Emmanuel Giboulot, Nicolas Giraudeau, Gil Lorfèvre, Thierry Morvan, Sophie Morgaut, Jean-Francis Pécresse, Patrick et Patricia Pons, Jean-François Quemin,

Willy Rhein, André Robert, Gérard Sibourd-Baudry, Claire et Christophe Salagnad, Éric et Dominique de Suremain, Eric Touchat, Olivier Toussaint, Karine Valentin, Bernadette Vizioz et Jean-Marc Wormser.

Cet ouvrage a été achevé d'imprimer dans les ateliers
de l'imprimerie Laballery à Clamecy (Nièvre)
pour le compte des éditions Grasset
en avril 2021.

Mise en page par Soft Office

PAPIER À BASE DE FIBRES CERTIFIÉES

Grasset s'engage pour l'environnement en réduisant l'empreinte carbone de ses livres.
Celle de cet exemplaire est de :
500 g éq. CO_2
Rendez-vous sur
www.grasset-durable.fr

N° d'édition : 22014 – N° d'impression : 104336
Première édition, dépôt légal : avril 2021
Dépôt légal : avril 2021
Imprimé en France